AF385602

L n 1448 27

CHARLES LOUIS AUGUSTE FOUQU
DUC de BELISLE, MARECHAL de FRANC
PLENIPOTENTIAIRE du ROI
en ALLEMAGNE,
en 1741. &c &c &c

LA VIE

POLITIQUE ET MILITAIRE

DE M. LE MARÉCHAL

DUC DE BELL'ISLE,

PRINCE DE L'EMPIRE,

MINISTRE D'ETAT DE S. M. T. C.

&c. &c. &c.

PUBLIÉE PAR MR. D. C**.

Editeur du *Testament* & du *Codicille*.

Il a tous les talens, & semble né pour eux.
EP. SUR MIN.

À LA HAYE,

Chez la Veuve VAN DUREN.

MDCC. LXII.

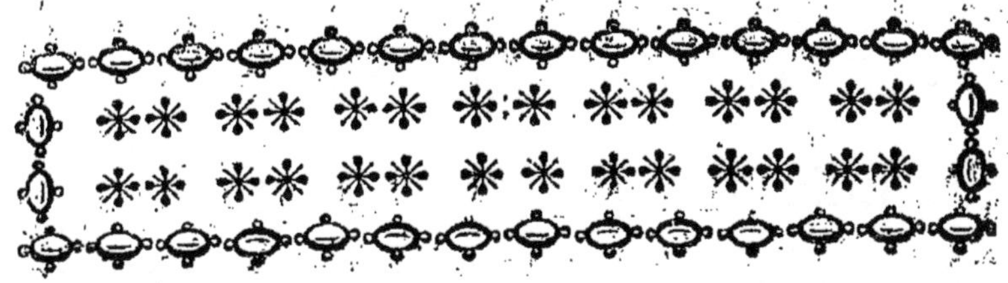

AVERTISSEMENT

D E

L'EDITEUR.

CE n'eſt ni la flaterie ni l'intérêt qui ont déterminé à publier l'Hiſtoire du Maréchal DE BEL-
L'ISLE, de pareilles vuës ne m'ani-
meront jamais; l'accueil favorable
que le Public a fait au *Teſtament
Politique* de cet Homme celébre,
m'a déterminé à donner ſa VIE. Ce
n'eſt point ici une fade compilation
de Gazettes, ni un recueil de Faits
depourvûs d'intérêt & de vérité,

A 3

j'ai

j'ai travaillé fur de bons Memoires : fi je n'ai pas dit tout, je me flate du moins de n'avoir rien omis d'effentiel, & (ce qui n'eft pas un petit merite pour un Ecrivain jaloux de l'eftime publique) de n'avoir pas mafqué la vérité dans les chofes que j'ai detaillées. J'aurois pû faire deux Volumes enormes de cet Ouvrage, mais j'ai crû qu'il étoit inutile de s'appéfantir fur des Faits indifferens, & que je ne devois que chercher à piquer la curiofité de ceux qui veulent des chofes & non pas des mots.

Je ne doute pas que beaucoup d'Ecrivains Allemans, auffi puériles & auffi minutieux que Mr.

Nor-

Norberg, Chapelain de *Charles XII. Roi de Suéde*, me feront de grands reproches de mon peu d'exactitude, parce que je n'ai pas dit dans cette Histoire quel habit M. de *Bell'isle* portoit le jour que *Charles VII. de Bavière* fut couronné Empereur à *Francfort*, & combien de livres de bougie on consommoit par jour dans l'Hôtel de ce Seigneur.

Voilà de grands Faits fort bons pour donner de l'embonpoint à une maigre Gazette, mais très indignes de l'Histoire.

Personne n'ignore le Role que M. de *Bell'isle* joüa à *Francfort*, mais peu de gens savent quels res-

A 4 forts

forts il employa pour arrêter les progrès de la Maison d'Autriche, & pour remplir les vûes de son Maître, qui vouloit placer un Prince de Bavière sur le Trône Impérial ; c'est une des circonstances intéressantes de sa Vie, qu'on s'est attaché à développer impartialement.

AVIS

AVIS du LIBRAIRE.

Chez *le même Libraire paroît actuellement la douziéme Edition du* Testament Politique *de M. de* Bell'isle, *corrigée de nombre de fautes essentielles, & augmentée dans le Corps de l'Ouvrage, du* Portrait du Cardinal de Fleuri: *Edition d'ailleurs, où l'on a inséré des Marques ou Renvoys, qui reunissent le* Testament *aux* Commentaires & *aux* Nottes *qui se trouvent à la suite du* Codicille & *de* l'Esprit des Maximes Politiques *de M. le Maréchal.*

Le tout est imprimé sous les yeux de l'Editeur du Testament Politi-

A 5

que;

que; *& bientôt on donnera aussi au Public*,

I. L'Histoire des Révolutions du Commerce;

II. *Les* Mémoires & Réflexions de Mr. de BELL'ISLE, sur ce qui s'est passé de son Tems; *deux Manuscrits dont Mr. le Maréchal a recommandé la Publication.*

VIE

LA VIE

POLITIQUE ET MILITAIRE

DU MARECHAL

DUC DE BELL'ISLE.

EPUIS la disgrace de *Nicolas* FOUQUET, Procureur-Général au Parlement de *Paris*, & Sur-Intendant des Finances, qui fut la triste victime de la jalousie de *Colbert* & des désordres que l'insatiable Cardinal de *Mazarin* avoient mis dans le Trésor Roial; depuis dis-je, que le Sur-Intendant avoit été condamné par une Commission à un bannissement perpétuel, que Louïs XIV. commua en une prison, peine moins flétrissante, mais plus dure, le Marquis de *Bell'isle*, Pére de celui dont j'écris la Vie, avoit quitté la Cour, & s'étoit retiré à *Ville-Franche*, petite ville très-agréa-

agréable dans la Province de *Rouergue.*
C'eſt là que nâquit le 22 Septembre 1684.
Charles-Louis-Auguſte Fouquet , Comte de
BELL'ISLE.

Son Pere, qui n'ignoroit point que
les fautes ſont perſonelles, & que les malheurs du Sur - Intendant n'influeroient
point ſur ſon fils, s'il avoit aſſez de talens pour ne devoir ſa réputation qu'à lui
ſeul, le Marquis de Bell'iſle n'épargna
rien pour donner au Comté une Educa-
tion conforme à ces vuës : la Nature a-
voit jetté dans l'ame élevée de Mr. de
Bell'iſle des principes heureux, que le
tems, l'Etude & les ſoins de ſes Maîtres
développerent efficacement. Les livres
qui traitent de la Guerre, de la Politique
& de l'Hiſtoire, devinrent ſes Lectures
favorites, il ne les quittoit que pour ſe
livrer aux Mathématiques, dans lesquelles il fit des progrès ſenſibles.

Le Comte de Bell'iſle ne fut pas plûtôt
ſorti de l'Academie, que *Louis XIV.* lui
donna un Regiment de Dragons ; il ſervit avec diſtinction, fut bleſſé au Siége
de Lille, & fait Brigadier des Armées
par ce Monarque.

Il ſervit de même pendant tou-
te la Guerre de la Succeſſion d'Eſpagne.

Le

Le goût de la Politique partageoit les momens que ses occupations Militaires n'employoient point ; & lorsque toute l'Europe épuisée par la Guerre de la Succession, vit les Puissances Belligérantes dans le cas de se raprocher, le Comte de Bell'isle eut la permission d'accompagner le Maréchal de *Villars* à *Rastadt* & à *Bade*, où ce Héros se rendit comme Plénipotentiaire de son Roi, pour y negotier la Paix avec ce fameux *Prince Eugene*, qui nâquit dans le sein de la France, contre laquelle il combattit avec des succès qui firent repentir plus d'une fois le Marquis de *Louvois* de lui avoir refusé un Regiment, & de n'avoir pas voulû permettre ensuite qu'il revint dans le Royaume, après en être sorti avec les Princes qui allerent, malgré *Louis XIV.* servir la Maison d'*Autriche* contre la Puissance Ottomane.

On a encore cette lettre de Louvois, qui dit, *le Roi pardonne aux Princes & à ceux qui les ont suivis, excepté au Chevalier de Savoye,* (qui est le nom que portoit alors le Prince Eugene), *à qui Sa Majesté deffend de revenir en France. Vous ferez, mes Princes,* répondit Eugene, *ce que vous jugerez à propos, pour moi je*
ne

ne puis retrograder, & je vais chercher à Vienne le chemin de rentrer en France, malgré M. de Louvois.

Paroles qui parurent une fanfaronade dans un jeune Prince sans expérience, mais que l'Evénement ne justifia malheureusement que trop, puisque le Héros de l'Allemagne, l'ame des Armées & des Conseils de la maison d'Autriche, fit à la France autant de mal qu'il auroit pû lui faire de bien, si on avoit pû le connoître & sçû le ménager assez.

Nous devons dire ici que M. le Maréchal de Bell'isle a démenti plus d'une fois ceux qui ont écrit, qu'à Rastadt, le Prince Eugène avant l'ouverture des Conferences, avoit prié le Maréchal de Villars, *de le mettre à son rétour à Versailles aux pieds du Roi, & d'assurer Sa Majesté qu'il n'avoit jamais cessé de le respecter comme son Maître.* M. de Bell'isle a assuré vingt fois, qu'il n'avoit jamais été question de cela. En effet le Prince Eugéne ne pouvoit ignorer qu'il n'étoit pas sujet du Roi: un Prince d'une Maison souveraine, quoique né en France, n'est point sujet de la France, à moins qu'il n'y ait des Emplois qui l'aient engagagé à un ferment de fidelité, tels que nous voions aujourd'hui les Princes de la Maifon de *Lorraine* qui font au fervice du Roi.

Il eft à propos d'obferver ici, que le Comte de *Bell'ifle* avoit eû quelques années auparavant, c'eft-à-dire en 1711, la permiffion de *Louïs XIV*, d'Epoufer *Henriette Françoife de Durfort de Civrac*, de laquelle il n'eut point d'enfans.

Auffitôt que le *Prince Eugene* & le Maréchal de *Villars* eurent figné le fix Mars 1714. le Traité de *Raftadt*, le Comte de *Bell'ifle*, qui avoit été initié par le Plénipotentiaire du Roi dans les principaux points de cette importante Négotiation, écrivit le lendemain la lettre fuivante à Madame la Comteffe fon Epoufe.

Raftadt ce 7. Mars 1714.

„ Enfin, Madame, le grand ouvra-
„ ge de la Paix eft terminé; Nôtre Ma-
„ réchal qui négotie comme il combat,
„ s'en eft tiré à merveille, & ceux qui
„ ont vû l'état déplorable de la France,
„ & les fuccés de fes ennemis, con-
„ viendront du moins que nous favons
„ ré-

,, réparer nos pertes. Je vous envoye
,, par le Courier que M. le Maréchal
,, adreſſe au Roi, un Extrait de cet im-
,, portant & glorieux Traité. Je ſais
,, que vous n'avez que les agrémens de
,, votre Sexe, & que vous ne rendrez
,, ma lettre publique, que lorſque vous
,, ſerez ſeure de ne plus commettre d'in-
,, diſcrétion. Je vous écris à la hate &
,, ſans trop de metode, mais toutes-fois
,, je penſe avec aſſez d'ordre pour vous
,, mettre au fait, autant que vous vou-
,, drez l'ètre des diſcuſſions qui ont été
,, agitées & terminées dans les Confe-
,, rences que les deux Plénipotentiaires
,, de leurs Majeſtés très Chrétienne &
,, Impériale ont tenuës dans cette vil-
,, le.

,, Le Roi rendra à l'Empereur *Kehl*,
,, *Fribourg*, les forts qui en dependent,
,, le *Vieux Briſac* & tout ce qui eſt ſi-
,, tué à la rive droite du *Rhin*; tout
,, ce qui eſt à la gauche de ce Fleuve,
,, reſtera à la France, avec le fort du
,, *Mortier*; *les* fortifications de *Bitche*,
,, de *Hombourg*, & de quelques autres pe-
,, tits forts, feront raſés; le *Fort-Louïs*
,, nous demeurera; le traité de *Ryſwick*
,, ratifié par celui-ci, ſera exécuté, &
,, on

,, on rendra tout ce qui a pû être pris
,, fur quelque Prince ou Etat que ce foit;
,, *Landau* & fes dependances demeu-
,, reront au Roi comme avant la Guer-
,, re: l'Empereur fe faifant fort de fai-
,, re acquiefcer l'Empire à cette condi-
,, tion; le Roi reconnoîtra la dignité
,, Electorale dans la Maifon de *Bruns-*
,, *wick Hanovre*, à charge que Sa Maje-
,, fté Impériale rétablira dans tous leurs
,, droits & dans leurs Etats, les Elec-
,, teurs de *Cologne* & de Bavière; en
,, conféquence le *Haut Palatinat*, qui a-
,, voit été excepté l'année derniere dans
,, le Traité conclu avec la *Hollande*, fe-
,, ra rendu à l'Electeur de *Baviere*; mais
,, la *Sardaigne*, qu'il devoit avoir par le
,, même Traité, demeurera à l'Empe-
,, reur, qui gardera auffi de l'aveu du
,, Roi, tous les Etats qu'il poffede ac-
,, tuellement en Italie: ce qui eft une
,, fuite du Traité d'Utrecht de l'année
,, derniere. L'Empereur, touché de la
,, protection que le Roi a bien voulu
,, accorder aux Ducs de *Guaftalla*, de
,, la *Mirandole* & au Prince de *Caftig-*
,, *lione*, s'oblige de leur rendre promte-
,, ment Juftice.
,, Le refte de ce Traité, que M. le

B

,, Ma-

,, Maréchal envoïe à Versailles pour y
,, être ratifié, ne contient que deux ou
,, trois autres articles, qui ont raport à
,, l'exécution de ceux que je viens de
,, vous raporter. Remettez vous-même
,, l'incluse à Madame de *Maintenon*, &
,, faites rendre par un de vos gens les
,, deux autres à leur destination.

,, Adieu, Madame, je vous embras-
,, se bien tendrement; mille choses ré-
,, spectueuses & tendres à tout ce qui
,, vous environne.

,, LE COMTE DE BELL'ISLE.

On voit par cette lettre, que le Maréchal s'attacha de bonne heure aux Né-
gotiations, dans lesquelles il se promettoit sans doute de figurer un jour avec
éclat. Le Traité de *Rastadt* ne fut pas
plutôt signé qu'on donna le Gouvernement *d'Hunningen* au Comte de *Bell'isle*,
qui, après avoir fait quelques change-
mens utiles dans cette Place, se rendit
à la Cour, où le Roi l'accuëillit. Les
premiers services que le Comte rendit à
ce Monarque, firent oublier les fautes
de son Ayeul, & on perdit de vuë le
Sur-Intendant dès qu'on vit son petit-
fils

fils se rendre utile & quelques fois nécessaire.

La mort de Louïs XIV ayant changé le sistême des affaires, le Regent qui voioit la France dans l'état désolant où le feu Roi l'avoit laissée, avoit un intérêt très vif d'éviter d'entrer dans une Guerre prochaine, & il trouva que le meilleur moien qu'il pût emploier pour remplir son but, étoit de se fortifier par des Alliances qui le rendissent redoutable à l'Espagne.

Cet homme fameux, qui de la Pharmacie de son Père, monta aux Rangs de Cardinal & de Premier-Ministre, l'Abbé *Du Bois*, aussi connû par ses vices que par ses talens, étoit devenu le Depositaire des vuës du Régent, dont il avoit été le Lecteur. Le Duc d'*Orleans* crut ne pouvoir jetter les yeux sur un homme plus habile que son confident, pour l'envoier à *Londres*, afin d'y Négotier un Traité auprès de *Georges premier*, chancellant encore sur le Trône de la *Grande - Bretagne*, d'où les brigues du Prétendant pouvoient le faire tomber, si des Puissances en force les eussent appuïées. L'Abbé *Du Bois* trouva la Cour de *St. James* dans des dispositions avantageuses, & il conclut

avec

avec le Miniſtère Britannique & l'Ambaſſadeur de *Charles VI.* une Ligue offenſive & deffenſive contre quiconque attaqueroit une des Puiſſances contractantes, parmi leſquelles il eſt bon de dire qu'on avoit compris les *Etats - Généraux* ſans leur avoir demandé leur avis.

Le Cardinal *Alberoni*, qui avoit plus de cet Eſprit intriguant, qui fait tout riſquer pour aller à ſes vuës, que de cette vraie Politique qui annonce la ſublimité du genie, trâma du ſein de *Madrid* une conjuration contre le Regent, qui la découvrit par l'indiſcrétion d'un Sécrétaire du Prince de *Cellamare*, Ambaſſadeur du Roi Catholique à la Cour de France; cette circonſtance réunie à celles qui avoient precedées, amena la Guerre, qu'on auroit voulu éloigner autant par conſidération pour *Philippe V.* qu'on aimoit, que parce que le Syſtême de *Law* avoit replongé le Royaume dans la maigreur où le feu Roi l'avoit laiſſé. Le Regent donna le Commandement de l'Armée Françoiſe au Maréchal Duc de *Berwick.*

On violeroit tout-à-la-fois le reſpect qu'on doit à la vérité, & aux faits reçûs autentiquement, ſi on négligeoit de
dire

dire ici, qu'à-propos de cette Guerre que Mr. le Regent alloit faire à l'*Espagne*, il y eut une sorte de fermentation dans le Militaire; plusieurs Colonels & quelques Officiers Généraux refuserent de porter les armes contre le petit-fils de *Louïs XIV.* Ce respect pour sa Mémoire faisoit plus d'honneur au cœur qu'à l'esprit de ceux qui l'affichoient: car enfin, le Roi faisoit cette Guerre, ou il étoit sensé la faire; ainsi ce n'étoit point à ses sujets, à examiner pourquoi & contre qui on armoit, l'obéïssance étoit le seul devoir que l'honneur devoit remplir alors. Le Comte de Bell'isle entrant dans ces entrefaites au Palais Roial, le Regent lui dit, *eb bien Mr. de Bell'isle! serez-vous des notres? Je venois, Monseigneur*, repliqua sur le champ le Comte, *demander à votre Altesse Roiale la permission de servir dans l'Armée de Mr. le Maréchal de Berwick.* Le Regent, flaté d'avoir un Sujet de ce merite, répondit à sa demande en le créant Maréchal de Camp. Il étoit alors âgé de trente-cinq ans.

Il partit donc pour l'*Espagne* & ne contribua pas peu aux succès qui rendirent les François maîtres de *Fontarabie* & de *St. Sebastien.*

L'E-

L'*Espagne* imputant avec une sorte de raison ses malheurs à son premier Ministre, se défit du Cardinal *Alberoni*, qu'on renvoia en Italie, & *Philippe V.* qui vit tous ses projets échoüés, se crut fort heureux d'obtenir la Paix, aux conditions que l'Abbé *Du Bois* au nom de la France, le Ministère Britannique & l'Ambassadeur de *Charles VI.*, l'avoient arrêtée à Londres, immédiatement après la conclusion du Traité dont j'ai parlé.

Les Troupes revenuës en France pour y joüir de la Paix, mirent le Comte de Bell'isle dans le cas d'acquerir de nouvelles connoissances, en s'appliquant très serieusement, tant à la Politique qu'au Militaire.

Le Regent mourut, & M. le Duc de *Bourbon*, appellé communément *M. le Duc*, succéda dans la place de premier Ministre. Cette Epoque eut des suites fatales pour le Comte de Bell'isle, que ses liaisons avec Mr. *le Blanc*, confondirent dans la disgrace de ce Ministre, que tout le monde sait, & qu'il seroit par conséquent inutile de rappeller ici.

Le Comte de Bell'isle fut mis à la Bastille en 1724, d'où il ne sortit que pour

pour être exilé pendant quelque tems dans ses terres ; ce fut dans ce calme de la solitude qu'il travailla à son entière justification & qu'il reparut à la Cour ; moment d'autant glorieux que depuis ce jour les dignités, la fortune, la faveur & les graces ne cesserent de voler au-devant de lui, desorte que si trois chagrins domestiques n'avoient point altéré la douceur de sa vie, M. de Bell'isle auroit été un des plus heureux mortels de l'univers.

Croiroit-on, ou douteroit-on que les Jesuites & les Janséniftes se fussent attachés à attirer les uns & les autres dans leur parti, sur tout le Comte de Bell'isle ? Ces brigues, qu'on me permette de parler ici en Historien impartial, supposent nécessairement que celui qui est l'objet de cet ouvrage, avoit déjà assez de consideration dans l'Etat, pour meriter qu'on se l'attachât ; mais le Comte qui ne vouloit ni s'extasier sur les Ecrits des Jésuites, ni au Cimetière de *St. Medard*, prit le le parti de l'indifference dans une Querelle où le moindre interêt dèshonore, ou compromet au-moins, ceux qui veulent y entrer.

B 4

Le

Le Comte de Bell'isle ne se mêla qu'u-
ne seule fois dans ces malheureuses affaires. Voici le Fait. M. *Hérault*, Lieutenant de Police, fut chargé par le Ministère de persécuter ces Enthousiastes,
qui alloient étaler la foiblesse de leur imagination sur le Tombeau d'un honnête
Diacre nommé *Paris*, mort sans avoir la
prétention de faire une Secte & des Mi-
racles, & le Chevalier de *Follard*, du
Comtât *Venaissin*, le célébre Commen-
tateur de *Polybe*, criblé des blessures
qu'il avoit reçuës au Service de France,
s'avisa d'aller aussi à *St. Médard*, entrai-
né par le torrent, pour y solliciter la
guérison d'un Rumatisme, triste reste
des fruits de la Guerre. M. *Hérault*,
ardent à tout prendre, le fit arrêter par
les Escouädes du guet, qui environnoient
le Cimetière du Diacre *Paris*. Le Comte
de Bell'isle qui avoit eu occasion de voir
plus d'une fois ce vieux Militaire, à
qui il avoit reconnu des talens, partit
sur le champ pour Versailles ; & sans s'a-
muser à parler au fastidieux *Barjac*, qui
lui auroit dit trente fois dans l'Anti-
Chambre, *écoutez Mr. le Comte*, il entra
dans le Cabinet du Cardinal de *Fleuri*,
d'où

d'où il ne fortit que muni d'un ordre de ce Miniftre, qui enjoignoit au Lieutenant de Police de relâcher le Chevalier de *Follard*.

Nous devons dire ici que le Comte de Bell'ifle, né avec de grands biens & veuf depuis quelque tems , époufa en 1729. *Marie-Cafimire-Therefe-Françoife de Bethune* , femme refpectable , qui fut jufqu'à fa mort le Confeil & l'Ami de fon Mari.——

Le Calme de la Paix laiffa malheureufement entrevoir une Guerre prochaine , & les demarches des principales Puiffances de l'Europe , firent craindre qu'elle n'éclatât au commencement de l'année 1732. Le Roi fit le 23 Decembre precédent une nombreufe promotion de Lieutenants - Généraux de fes Armées, dans laquelle le Comte de Bell'ifle fut compris.

Sa fortune fut brillante & fucceffive ; malgré cela elle n'eut rien d'étonnant : il avoit alors 47 ans , & cet âge eft affurément celui où l'on eft en état de commander ; nous avons vû depuis accorder des grades avec plus de rapidité , & la mode d'être Maréchal de Camp à trente ans , a été fi grande , qu'on a fouvent entendû des hommes , dont les fervices

étoient à-peine connûs, se récrier dans
l'Anti-Chambre du Ministre, sur l'Inju-
stice de la Cour, parce qu'ils n'étoient
point Lieutenants-Généraux à quarante
ans, comme si le merite étoit attaché à
cet âge. Il est vrai que ces mécontens
s'étayoient sur des exemples ; mais le
Ministre pouvoit alors leur repondre,
que les actions de l'un ne constituoient
pas le mérite de l'autre.

Le moment de l'embrasement qu'on
avoit prévû, arriva enfin. Des Camps
de plaisance, qui précédent ordinairement ceux qu'on arrose de sang, furent
ordonnés. Le Roi décida dès les premiers jours du mois d'Avril 1732. qu'il
y en auroit quatre ; un en *Alsace*, com-
commandé par le Maréchal *du Bourg* ;
un sur la *Sambre*, aux ordres du Prince
de *Tingri* ; un dans la *Franche-Comté*,
commandé par le Duc de *Levi*, & le
dernier enfin sur la *Meuze*, entre *Metz*
& *Thionville*, aux ordres du Comte de
Bell'isle.

Tous ces Camps préparés à la veille
de la mort d'*Auguste*, Roi de *Pologne*,
laissoient entrevoir à la Politique, des E-
vénemens, qui ne manqueroient pas
d'éclater, si la Republique de *Pologne*,
ga-

gagnée par les suggestions de quelques Cours de l'Europe, ne rendoit pas à *Stanislas*, retiré à *Chambord*, la justice que ses premiers titres sembloient lui assurer. Il est vrai que toutes les Puissances travailloient à l'envi à ôter aux Polonnois la liberté de l'Election, & nous devons dire, par respect pour la vérité, que tandis que *Stanislas* après la mort d'*Auguste*, écrivoit de sa propre main en *Pologne*, pour assurer le Royaume, *Que malgré ses droits acquis, il consentoit que l'Election fût libre, & que le plus digne fût nommé pour succéder au Saxon*, tandis que le Cardinal de *Fleuri* & le fameux Garde des Sçeaux, *Chauvelin*, déclaroient à *Versailles*, au nom du Roi leur Maître, à tous les Ministres Etrangers, *que son projet n'étoit point de s'opposer à la liberté de l'Election du nouveau Roi de Pologne, mais qu'il ne verroit pas avec indifférence, qu'aucune autre Puissance entreprît sur cette liberté des Polonois.*

On juge bien que ces termes étoient rélatifs à la conduite de l'Empereur, qui venoit de faire marcher en *Silesie* un Corps considerable de Troupes ; Tandis, disois-je, qu'on se piquoit de la part de la *France*, de laisser aux *Polonois* le

libre

libre exercice de leur suffrage, le Marquis de *Monti*, ce digne & désintéressé Italien, qui servit la *France* aussi ardemment que le plus zélé de ses sujets, *Monti* Ambassadeur de Sa Majesté Très-Chrétienne auprès de la Republique, faisoit valoir les remises considérables que le Cardinal de *Fleuri* lui faisoit tenir, un peu malgré lui, pour ébranler l'ame avide des Electeurs.

La justice qu'on doit à la Mémoire des grands hommes, ne me permet pas de passer sous silence, que le Marquis de *Monti* né avec une fortune honnête, jouïssant de plus de soixante & dix mille livres des bienfaits du Roi, & ayant été le Maître de beaucoup de millions, qu'il auroit pû s'approprier sans qu'on l'en soupçonnât, n'a pas laissé deux cent mille livres à ses Neveux; cependant j'ai vû la calomnie attaquer ce grand homme, dont le désintéressement étoit si rare, l'ame si belle & le commerce si doux.

L'Empereur qui croioit avoir des raisons pour s'opposer sous main à l'Election de *Stanislas*, répondit par la voix de ses Ministres assez vivement, à la Déclaration de la *France*, relativement

à

à ses inquiétudes sur la marche d'un Corps de Troupes Autrichiennes dans la *Silesie*, & le Cardinal de *Fleuri* fut fort surpris lorsque Mr. de *Wasner*, chargé des Affaires de *Charles VI.* à *Versailles*, lui communiqua cette reponse, par laquelle le Ministère Autrichien disoit, *que l'Empereur étant maître dans ses Etats héréditaires, Sa Majesté n'avoit aucun compte à rendre sur la marche des Troupes qu'Elle avoit fait passer en Silesie.*

Une reponse aussi peu mesurée, laissa entrevoir à *Louis XV.* les intentions de la Cour de *Vienne*, & on ne répondit à la Déclaration de son Ministre, qu'en publiant une Ordonnance pour une prochaine levée de Milices.

Le Maréchal de *Berwick*, destiné à commander une Armée, que les circonstances exigeoient qu'on assemblât en *Alsace* pour opérer sur le Rhin, partit vers la mi-août, accompagné du Comte de Bell'isle pour visiter les Places contiguës au *Rhin*, & pour reconnoître l'état des Troupes, qui n'étoient réunies en *Alsace*, que dans la vuë d'empêcher les brigues de la Maison d'Autriche, opposée à l'Election du Beau-Pere du Roi, ou pour la soutenir en cas qu'elle se fît

en

en fa faveur ; nos deux Généraux étoient au *Fort-Louïs*, lorfqu'un Courrier depêché par le Cardinal Miniftre, remit au Maréchal de *Berwick* le billet fuivant.

Verfailles ce Vendredy.

  ,, Je n'ai que le tems, Monfieur le
,, Maréchal, de vous mander, que Mr.
,, de *Monti* vient d'écrire au Roi, que
,, Sa Majefté fon Beau-Pere avoit été
,, unanimement élû le onze de ce mois
,, Roi de *Pologne*. Cette Nouvelle, que
,, vous ferez celébrer où vous ferez, exi
,, gera l'envoi d'un Courrier, que je
,, compte vous faire depêcher après-
,, demain de bonne heure. J'ai l'hon
,, neur, Monfieur le Maréchal, de vous
,, affurer que perfonne au Monde &c.

LE CARDINAL DE FLEURI.

La Nouvelle de l'Election du Roi *Staniflas*, loin de calmer la France fur les fuites de cet Evénement, ne fervit qu'à la déterminer à redoubler fes préparatifs & à augmenter fes Troupes ; le fupplément de la Milice fut porté jufqu'à trente mille hommes. Toutes ces précautions

fu-

furent à peine ordonnées, qu'elles furent justifiées par l'Evénement. La Maison d'*Autriche* engagée par des Traités antérieurs, fronda ouvertement l'Election du Roi *Stanislas*, & mit enfin la Cour de *Versailles*, dans le cas de déclarer la Guerre à l'Empereur.

Le Manifeste du Roi étoit conçu de maniere à jetter le plus grand jour sur les justes motifs de cette Guerre; mais comme il est trop long pour trouver place dans un ouvrage, dont les bornes sont subordonnées aux operations du Héros dont nous écrivons la Vie, nous nous contenterons de remarquer, que la Cour de *France* se plaint, *que tandis qu'elle se faisoit un point Capital de laisser une entiére liberté aux Polonois, elle a vû avec surprise le territoire de cette Republique libre & seule arbitre de son sort, environné de Troupes Etrangères.* Le Roi ajoute, *que dans cette Crise Generale, les Polonois ont recourû à ses armes, & lui ont demandé de venger leur liberté opprimée;* En conséquence Sa Majesté déclare, *qu'elle a prévenû dans les termes les plus mesurés tous les Souverains de l'Europe; qu'à l'exemple des Rois ses Predecesseurs, Elle seroit obligée de secourir les Polonois, & qu'elle a fait sentir*

avec

avec tous les menagemens que les Souverains se doivent, à la Cour de Vienne, les choses qui seules pouvoient prévenir la guerre; mais que l'Empereur, sans ménagement pour un Prince né dans le sein de la Pologne & uni au Roi par les liens les plus étroits, n'avoit cessé de troubler l'Election, & d'improuver dans des expressions peu ménagées, celle qui a été faite du Roi Stanislas, & cela dans la vuë de remplir ses projets & de favoriser un autre Prince au gré de son intérêt; Que toutes les demarches des Cours de Versailles & de Vienne, raprochées entre elles, ne laissoient aucun doute sur le véritable Auteur de la Guerre qui alloit s'enflammer, & dont le premier Auteur étoit Charles VI.

Tel est, en substance, ce Manifeste, dicté par un esprit de sagesse, dont la Cour de *France* ne se departît point pendant le cours de cette Guerre.

Indépendamment de ce Manifeste la Cour de *France* fit notifier à tous les Electeurs & autres Membres du Corps Germanique, qu'en déclarant la Guerre à l'Empereur, son projet n'étoit point de rompre avec l'Empire, dont les intérêts étoient absolument séparés dans le cas particulier; & que les Etats de tous les Princes du Corps-Germanique seroient ménagés, en tant qu'euxqu'eux-mêmes, *jaloux de conserver la Neutralité, ne prendroient point parti dans cette Guerre.*

Les Cours de *Madrid* & de *Turin*, alliées précedemment avec la *France*, publiérent aussi leur Manifeste contre l'Empereur. On voit avec peine que ce Prince n'est pas aussi menagé qu'il devroit l'être, dans la déclaration de guerre de l'*Espagne*, qui devoit se respecter elle-même dans un Souverain son égal.

Toutes ces dispositions concertées, la Cour de *France* jugea à-propos de contenir la Nation *Lorraine*, dont le zèle pour la Maison d'Autriche a toujours éclaté; & d'après un Mémoire du Comte de Bell'isle, soupçonné d'aimer peu les *Lorrains*, un Gentilhomme-ordinaire du Roi fut envoyé à la Duchesse Doüariere de *Lorraine*, Regente des Etats du Duc son fils, pour la determiner à permettre, qu'on fît entrer des Troupes dans *Nancy* & dans quelques autres Places du Duché de *Lorraine*. La Duchesse, Sœur du feu Duc d'*Orléans*, Regent, & par conséquent Petite-Fille de *France*, n'étoit rien-moins qu'attachée aux lieux qui l'avoient vûe naître; l'Intérêt de la

C   Mai-

Maison de *Lorraine*, avoit abforbé en elle tout autre fentiment, & elle ne voyoit dans fon fils aîné que le Succeffeur de *Charles VI.*, Evénement qui lui paroif-foit d'autant moins douteux, que depuis 1725, ce fiftême avoit été celui du Duc *Leopold*, Prince éclairé, dont la France & l'Autriche craignirent & re-fpecterent la Politique : Cette Princeffe refufa nettement de permettre l'entrée d'un Corps de Troupes Françoifes dans la *Lorraine*. Le Cardinal de *Fleuri*, qui lui avoit des obligations perfonelles, pré-vint par de nouvelles Inftances, l'hoftili-té qu'il avoit ordonnée au Comte de Bell'ifle. La Ducheffe preffée de nou-veau, repondit qu'elle n'étoit que Re-gente des Provinces de fon fils, & que dans un cas auffi important que celui qui fe préfentoit, il étoit important qu'il décidât lui-même. Ces reprefentations de la Doüariere obtinrent un délai de dix-huit jours, après lesquels *François* Duc de *Lorraine* & de *Bar*, fit la même repon-fe que fon Illuftre Pere avoit faite dans une circonftance pareille : *Je ne puis confentir à ce que la France exige de moi, parce que mes Etats font libres & Neutres; mais je ne puis réfifter à fes forces.*

La

La France vit, ou du moins crut voir dans ces mots, un consentement arraché par la necessité, & huit mille hommes, tant Infanterie, Cavalerie que Dragons, partirent en triomphe des Evêchés, le dix & le onze Octobre 1733, le Comte de Bell'isle à leur tête, & precedés d'un train d'Artillerie; ils arriverent le douze dans tous les Villages attenans à *Nancy*. Le Comte avoit pris son quartier au château de *Froüart*, distant de deux petites lieuës de cette capitale, & le treize il se presenta à la tête de sa petite Armée à *Nancy*, à la Porte de *Notre-Dame*, que le Marquis de *Custine*, Gouverneur de *Nancy*, avoit fait fermer par une de ces précautions Militaires qui n'aboutissent à rien.

Le Comte de Bell'isle, qui avoit devant lui son Canon, fit sommer *Nancy*; Le Gouverneur lui en remit la clef après qu'il eut signé une Capitulation precédemment convenuë avec la Cour de *Luneville*, & il entra dans *Nancy* avec huit Bataillons, qu'il y laissa; le reste de son Armée, destinée à marcher sur le Rhin, resta cantonné pendant deux jours dans les Villages qu'elle avoit occupés la veille.

C 2

Tel

Tel eſt ce pretendû Siége de *Nancy*, qu'un Ecrivain Allemand n'a pas rougi de mettre au rang des faits mémorables, qui doivent immortaliſer un grand homme! tant il eſt vrai que l'adulation & la partialité peuvent diviniſer les actions les plus indifferentes & les moins dignes d'éloges.

Le Comte de Bell'iſle obtint avec peine la permiſſion de rendre ſes reſpects à la Ducheſſe Doüariere, à qui le nom François étoit devenû peu agréable, depuis que des rumeurs populaires, que cette Princeſſe avoit le malheur de croire, lui avoient perſuadé, que les François étoient rentrés dans les Etats du Duc ſon fils pour n'en ſortir jamais: bruits courants que la Politique a accredités, & qu'un Evénement ſubſequent juſtifia pour jamais. Cependant ſon Alteſſe Roiale vit le Général François, & elle s'entretint aſſez longtems avec lui ſur les Inconveniens que l'entrée des Troupes Françoiſes en *Lorraine* faiſoient apprehender à ſes *fidéles ſujets*; c'eſt ainſi qu'elle nomma toujours les *Lorrains*. Le Comte de Bell'iſle, qui ſavoit que la Doüariere n'étoit point diſpoſée en ſa faveur, fit tous ſes efforts pour la tran-
quili-

quilifer ; mais cette Princesse, qui aimoit véritablement les *Lorrains*, lui re-
montra, que les Etats de son fils alloient
se voir en proïe aux Courses des Parti-
fans. *Votre Altesse Roiale*, repondit le
Comte, *n'a rien à craindre des François,
j'en repons. Et moi des Autrichiens*, re-
partit la Doüariere ; *En ce cas*, repliqua
M. de Bell'isle, *il faut que Votre Altesse
Roiale ordonne qu'on mette à l'entrée & à
la sortie de toutes les Villes, Bourgs & Villages, Hameaux & Cenfes des Etats qu'elle gouverne, des Poteaux aux armes de Lorraine & de Bar, avec une Inscription Allemande & Françoise qui designe la Neutralité du territoire.* Cette idée assez heureuse, fut adoptée, & cette précaution
sauva la *Lorraine* des incursions des Par-
tifans, qui dans tous les Païs du monde, font la Guerre moins pour leurs
Souverains que pour eux-mêmes.

Le Comte de *Bell'isle* rendit compte
au Cardinal de *Fleuri* de sa mission à la
Cour de *Lorraine*, & partit de-là pour aller joindre l'Armée, qui devoit agir of-
fensivement sur le *Rhin*.

La nécessité de ne point laisser le Fort
de *Kehl* derrière soi, determina le Ma-

ré-

réchal de *Berwick* à s'assurer de cette Place, quoiqu'elle appartint à l'Empire, à qui la France ne faisoit point la Guerre; mais on prevint le Corps-germanique, *que l'occupation de ce Fort ne devoit être regardé que comme un dépôt, dont la France feroit la restitution dès que les circonstances pourroient autoriser ce Procedé*; ce qui ne devoit s'entendre qu'autant que l'Empire demeureroit neutre.

L'Empereur allarmé de ce leger succès, eut recours aux talens du *Prince Eugene*, ce Héros qui avoit soutenu pendant si longtems la gloire de la maison d'Autriche, & il lui ordonna de se rendre promtement sur le Rhin, pour y arrêter la marche & les succés ultérieurs de l'Armée françoise; ce Prince partit de Vienne dans les premiers jours du Printems de l'Armée 1734, & le Prince *Alexandre de Wurtemberg* lui remit le commandement de l'Armée Autrichienne, forte alors de trente-cinq mille hommes.

Le Maréchal de *Berwick*, pour inquiéter l'ennemi & l'assujettir à des diversions, partagea son Armée en trois corps: le Comte de *Bell'isle* obtint le commandement de celui qui devoit agir sur la Moselle; il s'empara de la ville de *Treves*, & du chateau de *Traerbach* qu'il fit raser.

Moins heureux dans l'exécution d'un projet qu'il avoit formé sur le Fort de *Rheinfelts*, élevé audessus de la petite ville de *St. Goar*, entre *Mayence* & *Coblentz*, il fut obligé de laisser-là cette entreprise, ne jugeant pas à propos d'attaquer cette Place dans les formes, parceqn'elle lui auroit coûté du tems & du monde, que les Evénemens qui s'approchoient, alloient rendre nécessaire ailleurs; ainsi en se desistant d'un projet qu'il ne vouloit exécuter que par un coup de main, il prit le parti de réjoindre la grande Armée, qui se disposoit à investir *Philipsbourg*.

Tout le monde sait de quelle importance est cette Place; le *Prince Eugène*, qui avoit prévu qu'elle seroit attaquée, aussitôt qu'il avoit vû le Manifeste assez imprudemment publié par le Corps-germanique contre le Roi Très-Chrétien, l'avoit renforcé d'une garnison considérable, l'orsqu'il abandonna, trop légérement sans doute, les lignes de *Detlingen*. Quoiqu'il en soit, *Philipsbourg* fut investi le 24 Mai, sous les yeux même du

Prin-

Prince Eugène, qui avoit promis à *Charles VI.* de fécourir cette Place, & de battre les François ; mais ce Prince, affoibli par l'âge & les travaux, n'étoit plus ce Héros qui fit trembler la France.

Il eſt vrai, que preſque toute l'Europe jugea que le Conſeil de Verſailles hazardoit une démarche indiſcréte, en ordonnant à *Berwick* d'aſſiéger une Place telle que celle dont il s'agit. En effet, *Philipsbourg* munie d'une Garniſon nombreuſe & pourvuë abondamment de toutes ſortes de munitions, joignoit à ces premiers avantages, ceux de la poſition la plus réſpectable ; environnée d'un côté par le Rhin & de l'autre par des ravins, & des marais preſque impénétrables, & d'un accès d'autant plus difficile, qu'ils ſont toujours inondés auſſitôt qu'on lâche les Ecluſes, dont les aſſiegés ſont maîtres.

Le Maréchal de *Berwick* ayant diſpoſé avantageuſément les divers corps d'Armée qui étoient ſous ſes ordres, plaça celui commandé par le Comte de *Bell'iſle* près de l'endroit appellé *la petite Hollande* ; cet Officier-Général fit paſſer le Rhin à quinze bataillons & au Régiment de *Beaucaire*, Cavalerie, faiſant la

meil-

meilleure partie de sa division, & ne retint auprès de lui que les Gardes Suisses & les Dragons : ce dernier corps étoit d'autant précieux au Comte, qu'il en a été assez longtems Mestre de Camp-Général.

La grosse Artillerie étant arrivée de *Strasbourg*, par le *Rhin*, M. de *Bell'isle* fut chargé le premier Juin de faire ouvrir la tranchée. Mr. de Gassion devoit exécuter sous ses ordres cette opération, à laquelle on emploia les Gardes Suisses, soutenus de mille travailleurs.

Le Maréchal de *Berwick*, qui commença ce Siége, n'en vit point la fin, & le douze ce Général visitant la tranchée & donnant quelques ordres, reçut dans le ventre un coup de fauconneau, qui l'étendit mort sur la place. C'est à propos de cet Evenement que le Maréchal de *Villars* étant au lit de la mort à *Turin*, s'écria : *le fort de Mr. de Berwick ne me surprend point, je l'ai toujours connu heureux :* mots bien dignes d'un Héros, qui rougit de périr dans son lit.

La mort du Maréchal de *Berwick* n'apporta aucun changement aux dispositions des François rélativement au Siège commencé : le Roi créa Maréchaux de Fran-

ce,

ce , le Marquis *d'Asfelt* & le Duc de *Noailles*, Lieutenans - Généraux servans à cette Armée, & il donna le Cordon bleu au Comte de *Bell'isle* qui joüoit un des principaux roles dans ce Siége de *Philipsbourg*.

Il est inutile de détailler ici toutes les Actions qu'y firent les François; on les trouve dans toutes les Rélations de ce tems : nous devons seulement dire, que le *Prince Eugène*, à la tête d'une Armée de 80 mille hommes, devint observateur oisif des succés de la France, quoiqu'il promît une Affaire dans presque toutes les dépêches qu'il expédioit à *Vienne*, où *Charles VI*, rempli de confiance & d'amitié pour ce Prince, buvoit tous les jours à son grand couvert à la prosperité du *Prince Eugène!* Il est à remarquer que toute l'Europe comptoit si fort sur une bataille, seule ressource que les Impériaux devoient tenter pour tâcher de sauver *Philipsbourg*, que l'on vit une sorte de Conféderation de tous les Princes de l'Empire, ardens à quitter leurs Cours & à se rendre sur les bords du *Rhin*, pour y partager les perils de la Maison d'Autriche, ou pour avoir quelque part à la gloire que ses forces

&

& celui qui les faifoit mouvoir lui pro-
mettoient.

Le Roi de *Pruffe* & le Prince Roïal fon
fils, le même dont les talens politiques &
militaires furprennent aujourd'hui fes
adorateurs & fes ennemis; le Margrave
de *Schwedt* fon neveu, les Princes *d'An-*
halt, de *Furftemberg*, de *Lichtenftein*, de
Löweftein-Wertheim, de *Heffe-Rheinfelts*,
de *Saxe-Hilbourghauzen*, de *Saxe-Gotha*,
de *Waldeck*, de *Baden-Dourlach*, de *Naf-*
fau, & plufieurs autres Princes héréditaires & autres, au Nombre de plus de
quarente, avoient abandonné les delices
de leurs Cours pour venir groffir le nombre des Volontaires de l'Armée Autrichienne; mais cette foule de Guerriers
n'eut pas la fatisfaction que leur impé-
tuofité attendoit, *& leur apparition à l'Ar-*
mée du Prince Eugène ne fut utile, difoit
le Comte de Bell'ifle, *qu'aux Maitres de*
Poftes & aux Marchands de Vin. En effet ce n'étoit point le danger que le Héros de l'Allemagne redoutoit; il auroit
volontiers facrifié fa vie pour procurer
un jour de gloire de plus à fon Maître:
mais il craignoit de compromettre aux
rifques d'une bataille incertaine, cinquante

quante années de gloire & de prospéri-
tés.

Le Comte de *Bell'isle* poussa à la tête
du Corps à ses ordres, le Siège de *Philipsbourg* avec une grande vivacité, qui é-
tant soutenuë par les Troupes comman-
dées par les autres chefs, l'ennemi n'ô-
sa rien entreprendre, & vit prendre la
Place sous ses yeux, malgré les cris ré-
doublés des Autrichiens, qui disoient
au *Prince Eugéne* chaque fois qu'il traver-
soit leur camp : *Lieber Vatter ! wan Schla-
gen Wir dan ?* Céla veut dire, *Cher Père!
quand Battrons - nous donc ?*

Le Baron de *Wutgenau* après avoir fait
la Deffense la plus belle, fut enfin forcé
de ceder à l'intrépidité Françoise, & à
demander à Capituler, après quarante-
huit jours de tranchée ouverte, sans a-
voir l'espoir d'être secourû par les forces
immenses qui environnoient la Place ; la
Capitulation fut signée, entre le Maréchal *d'Asfelt* & le Commendant Impérial,
le 18 Juillet. La Garnison, qui avoit
perdû deux mille huit cent hommes, é-
toit réduite à dix-sept cent ; elle sortit
avec tous les honneurs de la Guerre, & fut
conduite sous escorte jusqu'à Mayence.

Le

Le *Prince Eugène*, qui fe felicitoit tout feul de n'avoir point rifqué une Bataille pour fauver une Place auffi importante, fit faire, deux jours après la Capitulation de *Philipsbourg*, un mouvement à fon Armée, qui alla occuper le Camp de *Bruchfal*; mais comme le Maréchal *d'Affelt* avoit prévû les deffeins de l'Ennemi, il jugea que l'occupation de la Ville de *Worms* étoit le meilleur moyen d'en arrêter l'effet, & le Comte de *Bell'isle* fut chargé de cette Expédition.

Il s'en acquitta très-à-propos, & empêchar, par la fageffe de fes manœuvres, le Général Autrichien, d'y paffer le *Rhin*.

La Prife de *Philipsbourg* devint l'affaire la plus importante de cette Campagne. Le Comte de *Bell'isle* à la tête d'un Camp volant, courroit cà & là, & inquiétoit l'Ennemi tantôt par des mouvemens inattendus, tantôt par des marches derobées, dont l'objet fut fouvent néceffaire & prefque toujours utile.

Le *Prince Eugène* avoit eû dès le commencement de la Campagne le projet de pénétrer en *Alface*, autant pour y léver des contributions que pour occafionner une Diverfion; peut-être auffi, (car il faut tout dire) pour câcher par cette demarche

che sa foiblesse & ses échecs, & faire parler de lui: nombre de gens, se laissent éblouïr par les Gazettes; & une Armée qui ravage le païs de son Ennemi, est souvent regardée comme une Armée victorieuse.

Ce projet, que le *Prince Eugène* méditoit sans cesse, l'occupa beaucoup dans les derniers jours du mois d'Août; & comme il ne pouvoit le remplir avec une sorte de succés, qu'en s'emparant du *Spirebach*, le Comte de *Bell'isle* partit à la tête de son Camp volant, pour se porter sur la partie de *Landau*, seul endroit où il pouvoit éclairer les démarches des Autrichiens, & s'opposer à leurs tentatives.

Le *Prince Eugène* s'apperçevant que les François étoient par-tout, ne songea plus qu'à mettre ses Troupes dans des quartiers, où elles pussent être à l'abri d'une Insulte. Les François, contens de leur côté d'avoir rempli leur objet en se rendant Maîtres de *Philipsbourg*, en firent autant. Le Général *Autrichien* se rendit à sa Cour, pour y dresser le Plan des opérations de la Campagne prochaine; les Maréchaux d'*Asfelt* & de *Noailles* partirent pour *Versailles*, & le Comte de *Bell'-*
l'isle

l'isle les suivit de près, moins pour y être décoré de l'Ordre du St. Esprit, auquel le Roi l'avoit nommé le douze Juin précédent, que pour y être consulté par le Cardinal de *Fleuri*, qui le goûtoit beaucoup, surtout depuis les commencemens de cette Campagne, pendant laquelle le Comte de *Bell'isle* avoit correspondû deux fois la semaine avec ce principal Ministre.

Les Puissances Belligerantes negotièrent beaucoup au commencement de l'année 1735 ; divers Plans de pacification, auxquels le Comte de Bell'isle avoit eû part à *Versailles*, furent presentés aux Cours de *Vienne*, de *Petersbourg* & de *Varsovie* ; mais l'obstination du Ministére Autrichien, qui ne vouloit point comprendre la *Pologne* dans le Traité proposé, rompit les mesures qu'on avoit prises, & ôta à l'Europe affligée l'espoir flateur d'une pacification prochaine.

J'ai vû avec indignité dans une prétenduë Vie de *Charles VI.*, qu'on peut appeller une rapsodie compilée de tous les Ecrits suspects de ce tems : Que la France violant la Neutralité qu'elle avoit promise à la *Lorraine*, & qu'elle a gardée

dée fidélement, avoir levé dans cette Province, cette même année 1735, des Milices, *comme contribution néceſſaire.* Rien n'eſt plus faux que ce Fait, & l'Auteur du Chiffon que je refute, devoit ſavoir, que la France n'a fait tirer des Milices dans la *Lorraine* & dans le *Barrois* qu'en 1740, & elle le pouvoit alors, puiſque la Paix de 1736. l'avoit rendû maitreſſe de ces deux Provinces, comme on le verra dans ſon tems.

C'eſt cependant ſur des Mémoires auſſi vagues (que pareils Hiſtoriens, ou pour mieux dire Compilateurs, ne manquent jamais d'appeller *Pièces Authentiques*), que les trois quarts de nos Hiſtoires modernes ſont fabriquées ; les Lecteurs jaloux d'être inſtruits, ne ſauroient éviter avec trop de ſoin les piéges que l'avidité de certains Editeurs veut tendre à leur bonne-foi. Suivons.

Le Comte de Bell'iſle ſe porta vers la Mozelle, où il aſſembla un Corps de 25 mille hommes ; & tandis qu'il détachoit un Corps de quatre mille hommes pour donner de l'inquiétude à la Ville de *Coblentz*, il mettoit une partie de l'Electorat de *Treves* à contribution. Le Maréchal

réchal de *Coigny*, qui à son retour de l'Armée d'Italie avoit remplacé M. d'*Asfelt* sur le *Rhin*, quitta le *Spirebach* à la tête de soixante mille hommes, vint se porter vers *Mayence* pour y donner la main au Corps du Comte de Bell'isle, qui avoit quitté les rives de la *Moselle* pour s'avancer vers *Mayence*. Presque tout le mois de Juin se passa en fourages généraux, que les François firent jusqu'aux portes de *Mayence*.

Le Comte toujours utilement emploié debusqua les Autrichiens de plusieurs petites Isles qu'ils occupoient sur le *Rhin* : des marches & des contremarches, faites par les Camps volants, tandis que la grande Armée resta tranquile dans le même Camp pendant trois mois & demi, ne servirent qu'à donner de l'inquiétude à l'ennemi, & persuaderent au *Prince Eugene*, que toute cette Campagne, moins glorieuse pour les François que la précédente, n'aboutiroit qu'à des marches & quelques escarmouches ; c'est dans cette persuasion, que ce Général déja âgé de 72 ans, retourna à *Vienne* sur la fin du mois de Septembre, après avoir remis, comme il l'avoit fait l'année derniere, le comman-

D

dement

dement de l'Armée au Prince de *Wurtemberg*.

Cependant les mouvemens du corps Autrichien aux ordres du Comte de *Seckendorff*, compaſſés ſur ceux des François, commandés par le Comte de Bel-l'iſle, firent croire à l'Europe attentive, que la Campagne n'étoit point encore terminée au mois d'Octobre. Le Comte, qui fut pendant toute cette Guerre dans un mouvement perpétuel, étoit venu camper à *Turckheim*, à la gauche de l'Armée Françoiſe; cette poſition retrograde avoit pour objet d'obſerver de plus près les mouvemens de *Seckendorff*, qui obligea par de nouvelles marches le Comte, à ſe porter à *Keiſers-lautern*, ville jadis fameuſe, qui fut pendant quelque tems la Réſidence des Empereurs, & qui entra depuis 1402. dans l'apanage de l'Electeur Palatin.

Des avis ſeurs étant parvenûs au Maréchal de *Coigny*, que les Autrichiens avoient fait arrêter des bâteaux ſur la *Moſelle*, & commandé tous les chevaux du Païs, on ne douta point que leur projet ne fût de paſſer cette Riviere. Mr. de *Coigny* voulant parer ce coup, renforça

força l'Armée de *Bell'ifle* de plufieurs Efcadrons de Cavalerie & de Dragons, & de douze Bataillons, que le Comte de *Polaftron* réunit aux Troupes du Comte de *Bell'ifle*, qui fe monterent dèslors à 40 mille hommes.

On doit dire ici à la gloire de ce Général, que cet efprit de détail qui depuis a parû faire fon caractère particulier, l'occupa affez alors (fans le diftraire des grandes affaires) pour qu'il pût donner fes foins afin que les differens Corps qui venoient fe réunir à lui par des marches forcées, ne manquaffent de rien dans leur route. Il étoit tout à tout, & le plus vil des Commis des vivres avoit la prérogative de l'approcher & de lui parler, dès qu'il étoit honnête-homme & utile. Un trait qui pourroit m'échaper, merite de trouver place ici; Je le tiens du feu Comte de *Beaufremont*, ce héros courtifan, qui en bottes de maroquin jeaune à talons rouges, bravoit les coups de fufil, & fubjuguoit avec le même fang-froid les villes & les femmes des *gracieux* Baillifs de l'Allemagne. Un nommé *Grandpair*, une de ces fang-fués fubalternes des vivres, contre qui M. de *Bell'ifle*, qui écoutoit tout le monde,

D 2

avoit

avoit eu des plaintes très vives, ôſa lui demander une Audience à Egra, ſous le pretexte de lui communiquer un projet important ; Notre Général frappé du nom de cet homme, lui dit, *je ſais que vous êtes un Pillard que je voulois faire chaſſer, mais j'ordonnerai à Pavé (*) de vous laiſſer vivre, ſi vous avez quelque choſe d'utile à me dire.* C'eſt ainſi que le Comte de *Bell'iſle*, pour qui les moindres détails n'avoient rien d'étranger, ſavoit tout & pourvoyoit lui-même aux choſes que l'orgueil des autres Généraux a la petiteſſe de placer au-deſſous d'eux.

Le Comte de *Seckendorff* fort indigné des renforts arrivés au Camp de Mr. de *Bell'iſle*, quitta le neuf Octobre le Camp de *Zimmeren*, pour ſuivre ſa route ; mais notre héros, toujours actif & prévoiant, avoit eu la précaution de rendre la marche des Autrichiens lente & pénible, en *faiſant un déſert* du Païs qu'ils avoient à traverſer pour arriver dans l'Electorat de *Treves*, ou pour ſe rendre dans le Duché de *Luxembourg*.

Faire un déſert d'un Païs : Ces mots demandent une explication, parce que
tous

____
(*) Munitionaire des Vivres.

tous ceux qui se sont avisés de commen-
ter, avec autant d'ignorance que d'indiscrétion, les *Lettres de Mr. de Bell'isle
au Maréchal de Contades*, lui ont fait un
grand crime, surtout dans les Cours d'Allemagne, de ces mots qui se trouvent
dans plusieurs de ces Lettres dont nous
parlons; Or il est bon que les hommes
qui ignorent par état ou par deffaut de
lecture la valeur des expressions Militaires, sachent, que *faire un désert* d'un canton, d'une Province, ne veut dire autre
chose *qu'affamer* ce Canton, cette Province &c; ainsi les loix de la Guerre, celles
de la Politique, & l'Usage aussi souverain qu'elles, permettent à un ennemi
d'ôter à celui qui le poursuit, les moiens
de venir à lui, par la coupure des chemins,
le changement du Cours des Rivieres,
& l'enlévement total des subsistan-
ces.

Pour désabuser & tirer de l'erreur les
gens qui prennent tout à la Lettre, je
leur dirai encore, que des Généraux François qui n'avoient fait autre chose que
d'enlever tous les vivres d'une Province,
où l'ennemi avoit le projet de prendre ses
quartiers d'hiver, écrivoient au Sécrétaire d'Etat chargé du département de

D 3

la

la Guerre: *j'ai brûlé tout le Païs qui eſt entre l'Ennemi & moi.* De telles Lettres ſont conſignées dans les Depôts de la Guerre; cependant, qu'on prenne les dattes & les noms des Généraux, on verra qu'ils ont cauſé ni ordonné aucun incendie, & que ce mot de *brûlé* quoique paroiſſant plus expreſſif que celui de *faire un déſert,* revenoient au même, & ne ſignifioient autre choſe *qu'affamer le Païs.* Reprenons le fil de l'Hiſtoire après cette digreſſion, qui nous a parue d'autant mieux placée ici, que le reproche que nous combattons a été fait très vivement à celui qui eſt l'objet de cet ouvrage.

Le deſſein du Comte de *Seckendorff* étoit, comme on a pû voir, d'aller attaquer le Comte de *Bell'iſle;* mais le Maréchal de *Coigny,* informé de tous les mouvemens du Général Autrichien, reſolut de lui faire lâcher priſe, ou de le mettre entre deux feux; c'eſt à cet effet qu'il s'avança vers le Comte de *Bell'iſle.* On a crû avec aſſez de vraiſemblance, que le projet des François étoit de s'emparer de l'Abbaye de *Clauſen,* ſituée dans des bois fourés, qui avec un leger ſecours de l'art, peut devenir une poſition de
Guer-

Guerre essentielle. Quoiqu'il en soit, les Autrichiens prévinrent le 20 Octobre, leurs Ennemis, au Monastère de *Clausen*, improprement appellé Abbaye; car il n'y eut jamais qu'un Prieur. Cette affaire, qu'on peut regarder comme un coup manqué, n'eut aucune suite; elle coûta du monde aux deux Armées, & puis c'est tout. La conduite du Comte de *Bell'isle* fut blâmée, par ceux qui vouloient ignorer, que depuis qu'il avoit été joint par la grande Armée, il étoit sous commandement du Maréchal de *Coigny*, dont il avoit été obligé de suivre les ordres.

Le lendemain 21, les deux Armées restèrent en présence, avec mine d'attendre l'instant d'une Bataille; mais comme elles étoient separées par la Rivière de *Salm*, aucune d'elles ne voulut faire la tentative de la passer la première; desorte que le Maréchal de *Coigny* ramena son Armée sous les murs de *Treves*.

Le Comte de *Bell'isle* établit son quartier à l'Abbaye de *Maximin*, autant pour la seureté de ses Troupes que pour avoir l'œil sur l'Abbé, qui de fils d'un Orfévre de *Luxembourg*, étoit parvenû avec un merite très médiocre, à ce poste im-

D 4

por-

portant, qui lui donnoit des liaisons avec les Autrichiens.

Les Officiers du Corps aux ordres de Mr. de *Bell'isle* cantonné dans les environs de l'Abbaye de *St. Maximin*, emplissoient tous les jours ce Monastère, moins comme parasite, que réduits, faute d'Auberge, à la nécessité de chercher une table. Le Comte de *Bell'isle* toujours attentif aux moindres details au milieu des affaires les plus importantes, ne pouvant avoir qu'une quarantaine d'Officiers à sa table, & sachant que le caractère du François n'est pas de vivre aux dépens de ses hôtes, proposa à l'Abbé de *St. Maximin*, de nourrir les Lieutenans pour leur paye & les Capitaines pour quarante livres; l'Abbé qui aima mieux être l'*Aubergiste* des François que leur *Amphitrion*, accepta cette proposition avec transport, & l'Officier seur de trouver une table, se livra tout entier à son devoir. C'est ainsi qu'en élevant des Forts, en faisant des projets de Paix & des Plans de Campagne, le Comte de *Bell'isle* descendoit à des soins qui ne sont minutieux que pour les sots.

Les mouvemens du Comte de *Seckendorff* engagerent le Maréchal de *Coigny* à se porter à *Consarbruck*, lieu jadis funeste à la France par la Bataille que le Maréchal de *Crequi* y perdit en 1675 ; les Autrichiens instruits que les François avoient des Magasins dans *Treves*, firent mine de vouloir bombarder cette Place, mais le Comte de *Bell'isle* leur envoia un Trompette, qui leur déclara que si on tiroit une tombe sur *Treves*, la Ville seroit livrée sur le champ au Pillage, & brulée ensuite jusqu'à ce qu'elle fût totalement reduite en cendres.

Que les François eussent exécuté ou non cette menace, je veux l'ignorer ; mais je dirai, qu'elle fut faite assez à propos, puis qu'elle contient l'ennemi, qui tranquille sur les hauteurs, n'ôsa rien entreprendre contre *Treves*. Le Comte de *Bell'isle*, dont l'activité ne recevoit aucun relache, s'occupa à faire élever un Fort de terre à l'endroit où la *Sanre* se jette dans la *Mozelle*. Le projet du Comte de *Seckendorff* étoit de passer cette Riviere, & de tâcher de pénétrer dans la *Lorraine* Allemande ; mais toujours soigneusement observé par le Comte de *Bell'isle*, il ne tenta rien pendant tout le mois d'Octobre, & trois Couriers arrivés successivement au Maréchal de

 Coigny,

Coigny, lui apporterent des ordres pour cesser toutes hostilités. Ce fut le cinq Novembre qu'il en fit part au Général Autrichien. Tout cessa dès-lors, & les Commandans des deux Armées, s'abouchérent pour regler les Articles de cette Cessation d'Hostilités ; Articles que le Comte de *Bell'isle* avoit redigés la veille.

Les Préliminaires de la Paix entre les Cours de *Versailles* & de *Vienne*, ayant été publiés, les Armées se séparerent, & les Officiers Généraux revinrent à la Cour.

Peu de personnes ont peut-être été informées que le Comte de *Bell'isle* avoit été consulté jusqu'à quatre fois par le Cardinal-Ministre sur ces Préliminaires, & que la cession de la *Lorraine* fut l'ouvrage de ce Général, qui engagea le Cardinal de *Fleuri* à ne point se désister de cette prétention. L'ordre de cette Histoire exige, que nous fassions mention de ces articles préliminaires de Paix, avec d'autant plus de raison, qu'ils furent en quelque façon l'ouvrage du Comte de *Bell'isle* ; mais sans nous appésantir à les raporter littéralement, nous allons donner un extrait succint de ceux qui portent avec eux une sorte d'intérêt &

de

de rélation aux Evénémens subséquens,
qui ont troublé le repos de l'Europe quelques années ensuite.

„ *Stanislas* se demet, par ces Prélimi-
„ naires, de ses prétentions sur la Cou-
„ ronne de *Pologne*, en s'en réservant
„ seulement le titre; & l'Empereur pour
„ reconnoître ce sacrifice, céde au
„ nom de *François III*, Duc de *Lorrai-*
„ *ne* & de *Bar*, ces deux Duchés, avec
„ la proprieté éventuelle à la France, a-
„ près la mort du Roi Beaupère de Sa
„ Majesté Très-Chrétienne; & le Roi
„ de France cède au Duc de *Lorraine*,
„ les droits qu'il a du chef de *Marie de*
„ *Medicis*, épouse de *Henri IV*, sur le
„ grand Duché de *Toscane*, pour être
„ possédé par lui après la mort du pro-
„ priétaire actuel.

„ Les Royaumes de *Naples* & de *Si-*
„ *cile* furent donnés à *Don Carlos*, qui
„ en étoit déjà possesseur, & le Roi de
„ *Sardaigne* eut le choix d'une Province
„ de la *Lombardie*.

„ L'article le plus essentiel en appa-
„ rence pour l'Empereur, fut la garan-
„ tie que la France signa, du Pacte de
„ famille que ce Prince avoit fait long-
„ tems auparavant sous le titre de *Prag-*
ma-

,, *matique-Sanction-Caroline*, loi domesti-
,, que, qui au deffaut d'enfans mâles
,, appelloit l'Archiduchesse aînée, & les
,, autres à son deffaut, à la succession
,, des Païs héréditaires de la Maison
,, d'Autriche.

Cet articles souffrirent beaucoup de difficultés de la part des Puissances, auxquelles la Politique de l'Europe vouloit qu'on les communiquât pour assurer la garantie de cette Paix.

Le Comte de *Bell'isle*, dont la présence avoit été nécessaire à *Metz*, pour y faire de cette Place importante la cléf de la *Lorraine* & de l'*Alsace* (ce qu'elle est devenuë sous ses ordres), en partit le 21 du mois de Juillet 1737, pour aller régler ce que l'Electorat de *Treves* rédevoit des Contributions: parceque le Ministre ne vouloit point que les Troupes évacuassent *Philipsbourg* & le Fort de *Kehl*, avant que cet objet fût rempli. Le voyage du Comte eut tout le succés qu'il devoit en attendre.

Le Comte de *Bell'isle* employa les loisirs de la Paix à écrire des *Mémoires* sur les Païs qu'il avoit parcourus & sur les différentes parties du Gouvernement; il s'étoit demis avant son dernier

nier voïage à *Treves*, de la Charge de Meftre de camp général des Dragons, que le Roi donna au Duc de *Chevreufe*.

La ville de *Metz* dont il avoit obtenû précédemment le Gouvernement, ainfi que celui de cette partie qu'on nomme *les Evêchés*, l'occupa tout entier; il fçut la fortifier & l'embellir jufqu'au dernier moment de fa vie.

La multitude des occupations qu'il fe créoit lui-même, ne l'empêchoit point d'étudier avec un foin extrême les abus fans nombre qui s'étoient gliffés dans le Militaire depuis plufieurs années. *Louis XIV.* fut le premier qui ordonna, que les Officiers & les Soldats de fa Maifon & de fes Armées porteroient des *Habits uniformes*, ignorés alors dans toutes les parties du monde: le Comte de *Bell'isle* admirant une Ordonnance qui fubfiftoit depuis foixante ans, voulut la rendre plus active pour la gloire du Service & la fortune de l'Officier; c'eft en conféquence de ce Plan, qu'il dreffa lui-même l'Ordonnance de Sa Majefté, qui vouloit *qu'à l'avenir les Officiers ne puffent porter dans leur garnifon d'autres habits que leur uniforme.* Cette Déclaration eft d'autant plus fage, qu'elle a arrêté les progrés

d'un

d'un luxe auſſi ruïneux que déplacé ; on ne voïoit que galons, que broderie, qu'Officiers derangés & créanciers déſeſperés ; le faſte étoit tel, qu'il regna long-tems un Proverbe en France, qui diſoit *doré comme un Officier de Milice*.

C'eſt auſſi au Comte de *Bell'isle* qu'on dût preſque toutes les Ordonnances Militaires qui parurent en 1737 ; Les uniformes à la Pruſſienne ne ſe ſont pas ſoutenus, & j'en ſuis fâché pour nous, parceque je penſe ainſi que Mr. de P***, qui dit, *qu'un Soldat Pruſſien paroît fort ridicule, quand il eſt tout ſeul, mais qu'une Troupe réunie forme un coup d'œil vraiement militaire.*

Le Comte qu'on emploioit partout, parcequ'il avoit l'art de ſe rendre eſſentiel dans tous les lieux & dans toutes les occaſions, fut chargé de diverſes commiſſions importantes, dont il s'acquitta toujours avec autant de dignité que de ſuccés.

Dès que les Lorrains changèrent de Maître, & paſſerent ſous la Domination de la France, après avoir été gouvernés pendant 689 ans par ſes Souverains naturels, le Comte de *Bell'isle* obtint le commandement en chef de la *Lorraine* &

du

du *Barrois*, dont le Gouvernement fut donné quelque tems après au Duc de *Fleuri*, l'aîné des Neveux du Cardinal Miniſtre, qu'on accuſa dès-lors aſſez mal à-propos, de manquer à la modéra-ration dont il avoit donné tant de preuves juſques ici, & de vouloir introduire en France le *Nepotiſme*, que les Souverains-Pontifes ſont depuis tant de ſiécles, en poſſeſſion, d'introduire à *Rome*.

La fameuſe diſgrace de M. de *Chauvelin*, Garde des Sceaux & Miniſtre des Affaires étrangères, arriva dans ce tems; cet Evenement dont nous ne dévéloperons point les cauſes, parcequ'il ne nous convient pas de pénétrer dans les ſécrets que la prudence du Prince a jugé à-propos de taire, cet Evenement fut attribué à différentes perſonnes en Faveur: & comme le public faiſoit entrer alors le Comte de *Bell'isle* dans toutes les affaires de la Cour, on ne manqua pas de lui donner grande part à la chûte de ce Miniſtre; mais comme ce ne ſont que des conjectures, la raiſon, la ſageſſe, & la trop grande proximité des tems, ne nous permettent pas de nous y arrêter.

Laiſſons donc le peuple nouvelliſte s'exhaler en propos vagues, & ſuivons
notre

notre Comte dans la Faveur, qui ne le quitte plus.

Aucun arrangement militaire, aucun plan de Fortifications, aucun projet de Tactique, ne paſſoient au Bureau de la Guerre, que Monſieur *d'Angervilliers* qui en étoit alors Sécrétaire d'Etat, n'en eût conferé avec le Cardinal de *Fleuri*, & ce Principal Miniſtre n'agréoit rien de tout ce qui lui étoit propoſé rélativement à ces divers objets, qu'il n'eût conſulté le Comte de *Bell'isle*, dont les avis fixoient toujours la deciſion du Cardinal - Miniſtre. Pour prouver à quel point il jouïſſoit de la confiance de M. de *Fleuri*, il me ſufira de raporter un trait fort ſimple, mais qui prouve, que louër les talens du Comte de *Bell'isle*, c'étoit faire ſa Cour au Cardinal.

Le Maréchal *d'Asfelt* ayant été nommé au mois de Mai 1737, pour aller, avec quelques Ingénieurs, réconnoître toutes les Places qui étoient le long de *la Meuſe*, demanda au Cardinal de *Fleuri*, qu'il voulût bien lui donner le Comte de *Bell'isle* pour adjoint; ſon Eminence répondit, en ces termes au Maréchal.

Iſſy ce 13. Mai 1737.

„ Vous ne pouviez, Monſieur, choi-
„ ſir un ſujet plus digne que Mr. de
„ *Bell'isle.* Je lui en écris aujourd'hui,
„ & je ſuis perſuadé qu'il ſe fera un plai-
„ ſir de vous accompagner dans votre
„ tournée; il joint à tous les talens que
„ vous lui accordez avec juſtice, une
„ grande connoiſſance du Local.

„ J'ai l'honneur d'être &c.

„ Le Cardinal de Fleuri.

Cette tournée ſe fit dans les premiers
jours du mois de Juin, & elle aboutit à
mettre *Sedan* & quelques autres Places
qui longent *la Meuſe*, à l'abri d'une in-
ſulte.

L'année ſuivante le Comte de *Bell'isle* paſſa pluſieurs mois à la Cour, pendant lesquels il fut invité par le Cardinal de *Fleuri*, de dreſſer un Plan d'arrangement, qui pût concilier les parties intéreſſées dans la fameuſe affaire
de la Succeſſion de *Bergues* & de *Juliers*,
qui a occupé pendant très-longtems
E

preſ-

preſque toutes les Puiſſances de l'Eu-rope.

La confiance que le Principal - Miniſ-tre avoit dans les talens du Comte, é-toit telle, que celui - ci ayant deſiré d'ê-tre envoyé en Ambaſſade dans une des premiers Cours de l'Europe, le Cardi-nal, lui répondit, *je me garderai bien de vous éloigner, j'ai trop beſoin de quelqu'un à qui je puiſſe confier mes inquiétudes ; d'ailleurs ſi ce malheur arrive, qui eſt-ce qui feroit la Guerre ?*

M. *de Tencin*, qui venoit d'être fait Cardinal, pour avoir, diſoit le Public avec une forte de vraiſemblance, con-damné le vertueux Evêque de *Senez*, homme obſcur qui n'avoit pour appui que ſes bonnes mœurs & ſon merite, avec lesquels on ne réuſſit pas toujours à la Cour. Ce Cardinal né ambitieux, étoit entré dans les malheureuſes affaires du tems, moins par venération pour la trop fameuſe Bulle *Unigenitus*, que parcequ'il s'étoit apperçû qu'elle étoit devenuë le Canal des graces, & qu'on ne réuſſiſſoit qu'en la deffendant : auſſi Mr. *de Tencin* la ſoutint - il avec une chaleur enthouſiaſ-ſte, juſqu'au moment où il s'apperçut qu'il n'avoit plus rien à attendre d'elle ;
car

car dès que la réflexion & son grand âge le ramenerent dans son Diocése, qu'il n'auroit jamais dû quitter, il cessa de persécuter les *Jansénistes*, & il permit de croire qu'on pouvoit aimer Dieu, & faire du bien à son prochain, sans se soumettre à la Bulle. Un de ses grands Vicaires, qui s'apperçut de sa nouvelle façon de penser, lui en demanda les motifs; le Cardinal lui répondit fort ingénieusement, *la Constitution étoit autrefois ma maitresse, & je la caressois, mais aujourd'hui qu'elle est ma femme, ne soyez plus surpris de mon indifférence pour elle.*

Cette réponse ingenuë dévélopoit de grandes fautes & beaucoup d'ambition: c'est ce désir immoderé de parvenir à la principale place du Ministére, qui lui fit voir dans le Comte de Bell'isle un concurrent dangereux, qu'il auroit bien voulu éloigner de la Cour en le faisant accabler d'honneurs dans un païs éloigné. Le Cardinal de *Fleuri*, qu'un dévoiement assez fréquent ména deux ou trois fois en 1738, aux portes du tombeau, fortifioit l'espoir que Mr. de *Tencin* avoit de le remplacer; & les différentes conférences secrétes que le Principal Ministre avoit avec le Comte de *Bell'isle*, cauſoient de vives allarmes à l'ambitieuſe Eminence: elles augmenterent lorſque le Cardinal de *Fleuri* tombant dangereuſement malade à *Fontainebleau*, demanda au Roi un entretien ſecret; le bruit de la Cour fut général alors, que cette Conférence n'avoit roulé que ſur les meſures à prendre en cas que le Miniſtre vint à mourir, & les partiſans du Comte de Bell'iſle répandirent le bruit, que le Cardinal de *Fleuri* l'avoit deſigné au Roi comme le ſeul homme qui pût le remplacer.

Que ce fait ſoit vrai ou non, il eſt très probable que ſi le Cardinal de *Fleuri* fût mort alors, le Comte de Bell'iſle auroit eû bonne part dans le Miniſtére, mais il n'auroit jamais obtenu la principale place, parceque l'application que le Roi donnoit depuis quelque-tems aux Affaires, faiſoit voir que l'autorité qu'il laiſſoit encore au vieux Cardinal, étoit un pûr effet de ſa reconnoiſſance, & que ce Principal Miniſtre une fois mort, il travailleroit ſeul avec ſes Sécrétaires d'Etat.

l'Evénément a juſtifié ce que je dis; & quoique le Cardinal de *Tencin*, qui n'avoit pû ôter au Comte de Bell'iſle la

con-

confiance de M. de *Fleuri*, eût reuſſi à le ranger de ſon parti, il eſt mort avec le regret, d'avoir fait des tentatives inutiles pour arriver à une Place, qu'avec plus de talens que le Cardinal de *Fleuri*, il auroit rempli moins dignement, parcequ'il n'avoit ni aſſez de bienſéance dans la conduite, ni aſſez de vérité dans le caractère pour en impoſer, & mériter la confiance, ſans laquelle tout homme qui *répréſente* ne réuſſit jamais.

Le Comte de Bell'iſle paſſa l'année 1739, partie dans ſon Gouvernement qu'il continuoit à embellir par les différens ouvrages dont il fortifioit la ville de *Metz*, & partie à la Cour, où le moment d'y jouër un grand rôle alloit arriver.

Deux Têtes Couronnées, unies par différens Traités, moururent en 1740; le premier Souverain qui païa le tribut, fut le Roi de *Pruſſe*, Père de ce Héros qui paſſe ſa vie à inſtruire & à ravager la Terre; l'autre fut *Charles VI*, dernier Prince de la Maiſon d'*Autriche*, Père de cette Prince digne d'admiration, qui a toutes les vertus des Grands Hommes, ſans avoir les foibleſſes de ſon Sexe.

Cet-

Cette derniere mort arriva dans des tems très critiques pour l'Héritiere de l'Empereur. Le Traité de paix arrêté à la fin de l'année 1736, n'étoit point encore ratifié par le Corps-germanique; le nouveau Traité conclu entre les Cours de *Verſailles* & de *Vienne*, n'avoit point reçû ſa derniere perfection, & les limites de l'*Empire*, de la *France*, & de l'Electorat de *Treves*, pour l'arrangement desquelles le Baron *Reiſchach* & le Préſident de *Klingling* étoient aſſemblés à *Nancy*, n'étoient point encore reglées.

La gloire de Mr. de Bell'iſle, qui a figuré avec tant d'éclat, ſoit dans cette Guerre, ſoit dans l'Election qui en a été la ſuite, exige que nous en dévelopions les motifs avec toutes les circonſtances qui peuvent juſtifier la conduitte de la France & celle du Comte de Bell'iſle, que nous appellerons dorésnavant, *Maréchal*, attendu qu'il fut honoré de ce titre en 1741.

Comme la promotion dans laquelle il fut compris, étoit un peu conſidérable, & que ceux qui la compoſoient ne paſſoient pas tous pour des Heros dans l'eſprit du peuple, on vit le François leger & frivole payer d'un Vaudeville les

ſer-

services de ses defenseurs, & on juge
bien que le Maréchal de *Bell'isle* avoit
trop de talens pour être à l'abri des traits
de la satire: mais quoiqu'il fût né avec
de l'amour-propre, & qu'il fût par conséquent un ennemi dangereux, il ne se
plaignit jamais d'aucunes des pasquina-
des dont on l'accabla; & quand ses fla-
teurs venoient mal-adroitement l'irriter
contre ces chansoniers, il répondoit froi-
dement, *je remplirois les vuës de ces fai-*
seurs de vers, si j'avois la petitesse de me
fâcher de leurs bons mots.

C'est ainsi que tous les Ministres devroient toujours penser; leur silence en
imposeroit à l'Envie qui les persécute,
& à la calomnie qui les déchire: mais
l'amour-propre pardonne rarement à la
Critique, & beaucoup de Ministres cherchant à se faire illusion sur leurs projets
de vengeance, veulent se persuader faus-
sement, que la gloire de leurs Maîtres
est intéressée dans les satires qu'on pu-
blie contre eux seuls; & de là il arrive
très-souvent, qu'abusant de l'autorité &
du nom de leurs Souverains, ils se li-
vrent à une persécution dont le scan-
dale rejaillit sur eux.

Quand vous verrez un Ministre sensi-

ble

ble aux libelles que le peuple frondeur répand contre lui, prononcez hardiment, que ce Miniſtre eſt un homme médiocre, qui eſt au-deſſous de ſa place.

Le Maréchal de Bell'iſle, inſenſible aux clameurs indécentes d'une multitude effrenée, montoit au faîte des Grandeurs, rempli du témoignage de ſa conſcience, & d'indifference pour ceux qui avoient la baſſeſſe d'inſulter à ſa Fortune, Il dina tête-à-tête avec le Cardinal de *Fleuri* le jour même qu'il prêta entre les mains du Roi le Serment ordinaire que la nouvelle Dignité exigeoit de lui, & le Miniſtre lui dit en ſe levant de table, *Mr. le Maréchal, le bâton que le Roi vous a remis aujourd'hui, ne ſera pas dans vos mains un ornement inutile.* Ces mots lui annonçoient aſſez clairement le Commandement qu'il eut depuis.

Charles VI. fut à-peine inhumé, que le Roi de *Pruſſe*, qui venoit de monter ſur le trône de ſon Pere, annonça à l'Europe un génie élevé, ambitieux & fertile en prétentions. Le premier qu'il attaqua étoit le Prince de *Liege*; la difference des forces fit triompher le plus puiſſant, & l'Evêque fut forcé de recevoir la loi du Monarque: La petite Baronnie

ronnie d'*Herstal* étoit trop peu intéressante pour fixer un Roi, à qui les vastes
prétentions qu'il forma ensuite sur la
Maison d'Autriche, firent jouer un grand
rôle, qu'il varia selon les avantages qu'il
se promettoit. En effet un Ecrit qu'il rendit public quelques semaines après la
mort de l'Empereur, établissoit des droits
sur la Silésie, droits déjà prétendus autrefois, & qui auroient pû l'être encore, s'il arrivoit que les Traités des
Predecesseurs de *Frederic*, pussent être regardés comme des Conventions nulles
& invalides. La Reine d'Hongrie (car
la Grande-Duchesse de Toscane fut dès-
lors, considerée ainsi par toutes les Puissances), repondit au Manifeste du Roi
de *Prusse*, par un Ecrit fort ample, dans
lequel cette Auguste Princesse discute
toutes les prétentions de son adversaire
avec assez de clarté, & s'appuïe sur tout
sur les *Renonciations faites par l'Electeur*
Frederic-Guillaume *à ses pretendûs
droits sur les principautés de Jægerndorff,
Lignits, Brieg, Wohlau & autres Provinces dependantes de la Silesie, renonçant pour
lui, ses héritiers, successeurs & descen-
dans, à ne plus former aucunes prétentions
ultérieures sur lesdites Principautés*, sous

E 5

quel-

quelque prétexte, qu'elles puffent être inventées de nouveau, *ni contre Sa Majefté Impériale, ni contre fes Succeffeurs les Rois de Boheme &c.*

Rien n'eft affurement plus pofitif que cette Renonciation. Il reftoit feulement à favoir, fi l'Electeur *Frederic-Guillaume* avoit pû la faire au préjudice de ces héritiers, & s'il n'y avoit pas ce qu'on appelle en Droit, *Lezion?* Quoiqu'il en foit, la Cour de *Berlin*, qui paroît ne s'être pas promis gain de caufe par fon Manifefte, repondit par un nouvel Ecrit à celui de la Reine d'*Hongrie*, qui de fon coté en publia un fecond; *Frederic*, dis-je, qui avoit commencé par la *derniere raifon des Rois*, en faifant agir cinquante mille hommes, qui avoient déja pénetrés en Silefie, furent les principaux Jurisconfultes qu'il employa pour faire valoir fa prétention, dans des circonftances qui mettoient la Cour de *Vienne* hors d'état de fe defendre contre des voyes-de-fait pareilles.

En effet, la Reine de *Hongrie*, qui ne s'étoit point attendue à cette Invafion, implora l'affiftance des Puiffances Maritimes & de la Cour de *Petersbourg*. Mais l'*Angleterre*, la *Hollande* & la *Ruffie*, craignant

gnant de se compromettre trop légère-
ment en entrant dans une Guerre dispen-
dieuse, & qui jusques-là leur étoit étran-
gère, repondirent aux pressantes instances de la Cour de *Vienne*, de façon à ne
pas s'engager trop-avant, & finirent par
offrir leurs bons offices pour la concilia-
tion des Differens qui commençoient à
embraser l'Europe entière.

Lorsque la Cour de *France* fut invitée
par le Ministère *Autrichien*, à garantir
la *Pragmatique Sanction*, le Cardinal
de *Fleuri*, dont les vuës étoient d'autant
plus pacifiques, qu'il ne vouloit pas em-
barrasser la *France* dans une Guerre dont
son grand âge ne lui auroit pas laissé voir
la fin, répondit, *que le Roi Très-Chretien
tiendroit ses Engagemens, autant que les autres
Puissances qui avoient ainsi que Sa Majesté
garanti le Pacte de famille dressé par Charles VI, observeroient leurs Engagemens:*
Cette reponse, la seule que la Politique
permît de faire dans un cas pareil, ne
calma point les inquiétudes de la Cour de
Vienne, qui se vit bientôt un nouvel
ennemi, qui lui en suscita d'autres, & qui
auroient anéanti les restes glorieux de la
Maison d'Autriche, si la grandeur d'a-
me de cette Auguste Reine, & la mésin-
telli-

telligence qui se mit parmi ses ennemis,
ne l'avoit sauvée avec honneur du nau-
frage qui la menaçoit.

L'Electeur de *Bavière*, depuis Empereur sous le nom de *Charles VII*, Prince
d'autant plus malheureux qu'il ne dût ses
infortunes qu'à son Elevation, cet Electeur se mit sur les rangs, & voulut s'approprier à deux titres la meilleure partie des Biens héréditaires de *Marie-The-
rese*.

Ce Prince avoit épousé la nièce de
Charles VI, seconde fille de l'Empereur
Joseph. Il y avoit eû, il est vrai, des
Renonciations autentiques & expresses
de la part de cette Princesse; mais ces
Actes toujours dictés pat la necessité,
font rarement sacrés aux yeux des Souverains: D'ailleurs l'Electeur de *Bavière*,
qui malgré les Renonciations de l'*Infante
d'Espagne*, Epouse de *Louïs XIV*, voioit
un Prince de la Maison de *Bourbon* regner
à *Madrid*, s'imaginoit que celles de son
Epouse n'auroient pas plus de force;
mais comme les Droits qu'il prétendoit
tenir du chef de cette Princesse, pouvoient être balancés par AUGUSTE Electeur de *Saxe* & Roi de *Pologne*, qui
ayant epousé la fille ainée de ce même
Em-

Empereur *Joseph* dont nous venons de parler, auroit eû par les prérogatives de la primogéniture des Droits moins contestables que ceux de l'Electeur de *Bavière* ; comme dis-je, la Cour de *Munich* ne vouloit point exciter un concurrent plus puissant qu'elle, l'Electeur appuïa toutes ses prétentions sur le Testament de *Ferdinand I.*, dont il prétendoit qu'aucun Acte n'avoit pû anéantir les Dispositions : ainsi en partant de ce principe, *il annulloit & les Renonciations de l'Archiduchesse, fille de* Joseph, *& la Garantie de la Pragmatique, quoi qu'il l'eût jurée solemnellement.*

En supposant la validité des Droits de la Maison de *Bavière* sur la Succession de *Charles VI*, il falloit trouver les moiens de les faire valoir par la force des armes ; car la Reine de *Hongrie* ne vouloit point entendre parler du Demembrement du Patrimoine de ses augustes Ancêtres. Le Roi de *Prusse* étoit un ennemi puissant, qui pouvoit favoriser les vuës de la Cour de *Munich* ; mais ce Monarque, qui n'avoit armé que pour ses propres intérêts, pouvoit faire une Paix séparée, & livrer par-là l'Electeur de *Bavière* à la supériorité de la Maison d'*Autriche*.

Ces

Ces confidérations qui n'échappèrent point à la Cour de *Munich*, l'engagérent à chercher un Allié affez puiffant, pour que le fort des Prétentions de l'Electeur de *Bavière*, ne dependît point d'un Evénement imprévû, & fût uniquement attaché au deftin des armes; Ce fut dans ces vuës qu'on s'addreffa à la Cour de *France*. Mais, quelques idées que des Ecrivains guidés par la paffion lui aient prêtées (*), il eft conftant qu'il fut refolu, dans le premier Confeil qu'on tint à *Verfailles* après la mort de *Charles VI*, que la *France* garantiroit la *Pragmatique-Sanction*, ainfi qu'elle s'y étoit engagée au mois de Decembre 1731. Ceux qui nieroient ce Fait, fuppoferoient au Cardinal de *Fleuri*, une fauffeté qui n'étoit pas dans fon caractère; & il eft très feur qu'il n'en impofa point, lorfqu'en fortant de ce Confeil, il dit à Mr. le Prince de *Lichtenftein*, Ambaffadeur de l'*Autriche: vous pouvez écrire, Monfieur l'Ambaffadeur, que le Roi remplira fes Engagemens, & qu'on doit être tranquille à* Vienne.

Il

______

(*) Dans l'*Argus*, ouvrage auffi faux que mal écrit, publié contre la *France*.

Il eſt hors de doute que la France ne vouloit point de Guerre, & qu'elle n'avoit que deux projets dans l'état où les choſes étoient alors: le premier étoit, qu'on levât par la voïe de la Négociation toutes les difficultés qui étoient ſurvenuës; & le ſecond, que la Couronne Impériale qu'on vouloit rendre héréditaire dans la maiſon d'*Autriche*, ne pût point être placée ſur la tête de *François de Lorraine*, Grand Duc de *Toſcane*.

Le ſiſtème de la Cour de *France* a changé depuis, pour le bonheur de l'Europe & la proſpérité des Maiſons de Bourbon & d'Autriche; mais tout homme qui connoit les Intérêts des Puiſſances en général, penſera toujours que lorſque l'*Autriche* n'eſt point unie avec la *France*, il eſt de l'intérêt de cette derniere Puiſſance, de maintenir l'Europe dans un juſte équilibre; c'eſt la raiſon pourquoi le Cardinal de *Fleuri*, ſans vouloir enfreindre la *Pragmatique Sanction*, empêcha alors que la dignité Impériale, purément élective, & qui porte avec elle une autorité très grande, devienne héréditaire dans une maiſon déjà très-puiſſante, & rivale de la Cour de *France*.

L'Electeur de *Baviere* qui n'avoit point en-

encore l'espoir d'animer le Roi Très-Chrétien contre *Marie Thérèse*, tâchoit de se former un Parti dans le Collége Electoral ; mais ce qui doit étonner, c'est, que celui qui trouva ses prétentions injustes & qui les critiqua avec le plus de véhèmence, fût l'Electeur de *Cologne*, son propre Frère, qui subjugué par ceux qui l'environnoient, annonçoit héroïquement qu'il se faisoit gloire de sacrifier la grandeur de sa Maison à l'équité de la Cause de la *Reine de Hongrie*.

Pour détailler ce Fait avec les vraies circonstances qui l'ont accompagné, & que peu de personnes savent, je dois dire, qu'il y avoit alors à la Cour de *Bonn* un gentilhomme Lorrain nommé *le Chevalier de Champigni*, qui étoit honoré de l'entière confiance de *Clement-Auguste de Baviére*, Electeur de *Cologne*, Prince puissant, moins encore par la seconde Place qu'il occupoit dans le Collége Electoral, que par les forces qu'il étoit en état de mettre sur pied comme Evêque de *Munster*, d'*Osnabruck*, de *Paderborn* & d'*Hildesheim*.

Le Chevalier de *Champigni* attaché par Zèle & par intérêt à la Maison de *Lorraine*, réunissoit à une figure avantageu-
se

se l'art de s'exprimer avec grace, & d'écrire avec une grande facilité & quelques fois avec force; plus instruit d'ailleurs du caractère des hommes que du Code Diplomatique, il étoit en Politique ce que *Charles XII.* étoit en Guerre, c'est-à-dire un illustre avanturier. Le premier croyoit que son courage rendoit tout possible, celui-ci s'imaginoit qu'un esprit séduisant pouvoit seul bouleverser les Empires, & amener tous les Princes au but qu'il se proposoit: c'est d'après cette hardiesse confiante que le Chevalier de *Champigny* entreprit différentes Négociations, dans lesquelles il fut assez heureux de réussir, puisqu'il les vit couronner par cinq Traités, qu'il signa comme Ministre à *Londres*, à la *Haye*, à *Hanovre*, à *Weimar* & à *Zerbst*; toujours attaché à ses anciens Maîtres, il servit vivement la Maison d'*Autriche* auprès de l'Electeur de *Cologne*, Prince aimable qui protégea les Lettres pour elles-mêmes, mais sans les aimer, & qui mit dans toutes ses manières cette elévation & cette grandeur d'ame qui ont toujours caractérisé les Princes de la Maison de *Bavière*; Généreux & magnifique, il ne lui faloit qu'un peu plus de fermeté dans

F

l'esl'esprit, pour qu'il fût un des Souverains les plus renommés de son Siécle.

Le Chevalier de *Champigny* usant de l'empire qu'il s'étoit acquis sur ce Prince, parvint à lui faire signer un Ecrit qu'il avoit composé contre les Prétentions de l'Electeur de *Bavière* : ce ne sut pas tout ; les Troupes que *Clement Auguste* avoit levées pour un usage tout différent, combattirent pour la Maison d'*Autriche*, & cet Electeur mit le comble aux services qu'il rendoit à la Cour de *Vienne*, en donnant sa voix pour l'admission du suffrage de *Bohème*, dont les Constitutions germaniques privent une femme. Ce que je dis ici n'est point un jeû de mon imagination, écoutons le chevalier de *Champigni* parlant lui-même dans ses Négociations manuscrites.

J'ai detaché l'Electeur de Cologne de l'Alliance françoise, pour le faire entrer dans l'Autrichienne, avec six ou sept autres Princes ; j'ai déterminé l'Electeur de Cologne à donner sa voix à l'Empereur, & le premier pour l'admission du suffrage de Bohème ; j'ai fait entrer les Troupes Autrichiennes & alliées, dans ses Etats, en place des François, qu'il étoit convenu d'y recevoir.

Le Chevalier de *Champigny*, outre

plu-

plusieurs sommes d'argent qu'il reçût de la Maison d'*Autriche* en recompense de ses services, obtint une charge *d'Auditeur* à la Chambre des comptes de *Bruxelles*; mais comme il regardoit cet Emploi au-dessous de lui, il se contentoit d'en recevoir régulièrement les appointemens, par respect, disoit-il, pour l'*Imperatrice-Reine*; indépendamment de cette ressource, il eut le secret jusqu'au mois d'Octobre 1760, où il termina sa carrière, de mettre presque tous les Souverains de l'Europe à Contribution; malheureux & insinuant, il savoit exposer ses disgraces avec un ton patétique, qui ouvroit les bourses des Princes; & tant qu'il tiroit des gratifications assez fortes du Ministère *françois*, il écrivoit contre l'*Angleterre* (*), quoiqu'il touchât regulièrement cent guinées de pension de cette Puissance.

Tel fut le Chévalier de *Champigny*, qui a joüé un role assez important dans l'Europe politique pour mériter d'être peint ici. Reprenons le fil de cette Guerre intéressante.

La

____

(*) *La voix d'un Citoyen d'Amsterdam, le Patriote Anglois, & les Coups d'œil sur l'Angleterre.*

F 2

La Reine de *Hongrie* qui vit un violent orage prêt à fondre fur Elle, voulut l'écarter par les fecours des Puiffances maritimes: Elle leur demanda du monde pour la feconde fois; mais la *Grande-Bretagne* & la *Hollande*, qui vouloient voir auparavant quel parti prendroit la *Ruffie*, offrirent de nouveau leurs bons offices pour la Paix avec le Roi de *Pruffe*, qu'elles confeilloient unanimement. *Frederic* n'étoit pas de fon côté éloigné de fufprendre la voïe des armes pour embraffer celle de la Négociation; & pour prouver le défir qu'il avoit de ceffer toutes hoftilités il propofa des conditions, que le Miniftère *Autrichien*, par reffentiment de l'Invafion, & ne refléchiffant pas affez fur la fituation de fa Souveraine, rejetta avec hauteur, & même avec une forte d'ironie offenfante, que les Princes devroient toujours bannir de leurs Ecrits.

Un Evénement fingulier arriva prefque dans le même-tems, & acheva d'éloigner l'efpoir d'une réconciliation entre les Cours de *Berlin* & de *Vienne*; le Roi de Pruffe fe plaignit d'un attentat médité contre fa perfonne, & préfenta un Refcrit à la Diette de *Ratisbonne*, dans le-

lequel il accusoit, d'après le raport de quelques sçelerats sans doute, un grand Prince, d'en être l'auteur: mais le nom seul de ce Prince l'excusa dans l'esprit de toutes les Nations, qui, connoissant la magnanimité de son ame, n'osèrent ternir ses vertus par le plus leger soupçon.

Le Roi d'*Angleterre*, à qui le Comte de *Truchses* Ambassadeur du Roi de *Prusse* fit au nom de son Maître le détail de cet Evénement, pensa comme le reste de l'Europe, & au nom seul de l'accusé, il rejetta l'accusation. Le Roi de *Prusse* enfin se rétracta, & écrivit quelque tems après au Roi d'Angleterre, *qu'il ne croyoit absolument rien des circonstances odieuses que l'on avoit attaché au complot formé contre sa personne, & qu'il étoit pleinement persuadé que c'étoit une Calomnie atroce, imaginée par des sçelerats.* Malgré cette déclaration justificative la Cour de *Vienne* ulcerée d'un soupçon injurieux, songea moins à la Paix qu'auparavant, & les deux Puissances tâcherent de s'étayer d'Alliances capables de leur faire soutenir la Guerre avec succés.

Tandis qu'on travailloit aux préparatifs qui devoient desoler le Nord, *Phi-*

lipe *V*. Roi d'*Espagne* se mit sur les rangs, & fit aussi valoir les dernières volontés de *Ferdinad premier*, pour partager la Succession de *Charles VI*, & ses possessions en *Italie* furent celles que la Cour de *Madrid* se proposa d'envahir ; mais comme elle vouloit faire passer son Armée par le *Roussillon*, elle demanda le passage à la *France*, qui le refusa nettement. Ce procedé sert encore à prouver que les Intentions de la Cour de Versailles étoient pures, & ne tendoient point, comme tant d'Ecrivains ont voulu l'insinuer, à accabler la Maison *d'Autriche*.

Le Roi de *Pologne*, après avoir long-tems medité sur le parti qu'il avoit à prendre, se mit aussi au rang des prétendans, & demanda pour lui la *Moravie*, la *Haute-Autriche* & la *Stirie* : nous avons dit ailleurs sur quoi il pouvoit constater ses droits ; droits valides, je le repéte, si les Traités & les Renonciations des Souverains peuvent être regardés comme des *êtres de raison*.

Independamment du Partage, que tant de Puissances projettoient de faire de la Succession de *Charles VI*, il y avoit une autre affaire très-importante à regler ; c'éc'étoit l'Election d'un Empereur. Le Grand-Duc de *Toscane*, que son illustre Epouse avoit déclaré Co-regent de ses Etats, & à qui Elle avoit voulu donner le suffrage de *Bohème*, qu'elle ne pouvoit exercer par les raisons que nous avons dites précédemment, le Grand-Duc muni de ce double titre prétendoit à l'Empire ; mais beaucoup d'Electeurs étoient fort éloignés qu'on violât en faveur de ce Prince, les Loix reçuës, & on lui disputoit le Suffrage de *Bohème*, sans lequel il y avoit peu d'apparence qu'il pût ceindre la Couronne Impériale.

Tel étoit l'état de l'Europe, lorsque le Maréchal de *Bell'isle*, qu'on venoit de créer Duc, partit de *Versailles* chargé des instructions les plus importantes. Son départ avoit pour prétexte l'Election de l'Empereur, qui devoit s'élire dans une Diette convoquée à *Francfort*, & à laquelle il devoit assister de la part de la *France*.

Le Cardinal de *Fleuri*, qui avoit toujours assuré de la part du Roi son Maître, la garantie de la *Pragmatique-Sanction*, s'apperçut alors, que cette promesse ne pouvoit avoir lieu, parcequ'a-

yant

yant été faite *sauf les Droits d'un tiers*, l'Electeur de *Baviére* avoit des prétensions légitimes, qu'il n'étoit pas au pouvoir de la *Franee* d'anéantir ; d'ailleurs ce Principal-Ministre ajoutoit, que lorfque le Roi très-Chrétien avoit garanti ce Pacte de famille de *Charles VI*, il l'avoit fait fur l'efpoir que les Puiffances qui l'avoient garanti avec elle, ne la troubleroient point ; que la conduite de ces Princes changeant, celle de la *France* devoit changer avec elle, avec d'autant plus de raifon, qu'il n'étoit pas jufte qu'elle s'engageât dans une Guerre contre la plûpart des Princes d'Allemagne, pour foutenir la validité d'un Acte garanti fur une fauffe fupofition, c'eftà-dire fur la Déclaration faite par *Charles VI*, que la *Pragmatique - Sanction ne nuifoit à perfonne*, ce qui n'étoit point, puifqu'il y avoit *Læzio & préjudicium tertii*, c. à. d. *préjudice d'un Tiers*.

Ceux qui ont traité d'inconféquente la conduite que la Cour de *Verfailles* a tenuë dans cette occafion, ignorent les regles de la Politique & de la Néceffité, à qui tout cède. En effet, il n'étoit point alors de l'intérêt de cette Couronne, de foutenir par une Guerre auxiliaire ou of

fen-

fensive la *Pragmatique-Caroline*, qui alloit troubler la Paix de l'Empire, Paix dont le Roi très-Chrétien étoit Garant par le Traité de *Westphalie*, anterieur de 88 ans au Pacte de famille du dernier Empereur.

Je dois observer ici, sans aucun projet de critiquer l'esprit Ministérial de la Cour de *Vienne*, que si la Reine de *Hongrie*, qui n'avoit pas encore acquis cette expérience & ces lumiéres qui l'élévent aujourd'hui au-dessus de la fameuse *Elisabeth*, eût voulu faire alors ce qu'Elle fit depuis (je parle de sa paix avec la Cour de *Berlin*) elle opéroit deux grands biens; le premier, en mettant fin à cette Guerre, & le second en plaçant la Couronne Impériale sur la tête du Grand Duc de *Toscane*, si digne de la porter; mais l'aigreur entroit dans les déliberations du Conseil-aulique, & cette jeune Reine avoit le malheur de n'avoir point encore un *Caunitz - Rittberg* à la tête de son Ministère.

Le Maréchal de Bell'isle guidé par l'esprit de sagesse & d'équité qui dirigeoit toutes les vuës de *Louïs XV*, parcourût presque toutes les Cours d'*Allemagne* pour en pénétrer l'esprit, parceque

F 5   que

que la *France* ne vouloit prendre aucun parti contre la Reine de *Hongrie*, qu'elle ne s'y vît forcée par des engagemens anterieurs à la Garantie de la *Pragmatique-Sanction*.

Le Maréchal fonda d'abord la plûpart des Puiſſances Electorales, & il les trouva preſque toutes animées contre l'Héritiere de *Charles VI*, & l'Electeur de *Baviere*, un des plus anciens alliés de la *France*, expoſoit comme j'ai déja dit, la légitimité de ſes prétentions, & réclamoit les ſecours de cette Puiſſance, dans une Guerre qui paroiſſoit fondée ſur la juſtice. Le Maréchal fit valoir à *Verſailles* les raiſons de l'Electeur ; & la Cour qui en fut pénétrée, lui ordonna de reſſerrer les nœuds qui depuis un tems immémorial réuniſſoient les Maiſons de *Bourbon* & de *Baviere*.

Ce nouvel Acte fut un coup de foudre pour la Maiſon d'*Autriche*, qui accablée de tous côtés ſans être jamais déſeſperée, apprit à peu-près dans le même tems une Alliance offenſive entre les Cours de *Berlin* & de *Munich* ; cette Convention attiroit néceſſairement un nouvel Ennemi à *Marie-Théreſe*, parce qu'à la ſollicitation de l'Electeur de *Ba-*

viére

viére, le Roi de *Prusse*, dont on connoissoit les prétensions sur les Duchés de *Berg* & de *Juliers*, signa dans ce Traité une Renonciation expresse en faveur du jeune Prince de *Sulzbach*, héritier présomptif de l'*Electeur Palatin*. Ce sacrifice de la part de *Frederic* devoit attacher la Cour de *Manheim* à son parti, & ôter par-là un suffrage au Grand Duc de *Toscane*.

La *France* sentit alors la nécessité indispensable où elle étoit, de figurer dans cette Guerre ; & après avoir meurement refléchie sur les Actes solemnels qui l'engageoient à y prendre part, avec cette moderation qui a toujours caractérisé les demarches de *Louis XV*, qui n'a jamais fait la Guerre que pour procurer la Paix à l'Europe, & dont les vuës ont été dans tous les tems à l'abri des projets de Conquête, qui denotent un ambitieux plutôt qu'un grand Prince.

La Cour de *Versailles* persuadée qu'elle avoit été surprise dans la Garantie du Pacte de Famille du feu Empereur, & que le Traité de *Westphalie*, plus précieux que la *Pragmatique-Sanction*, l'obligeoit à veiller sur les Priviléges & les Libertés des Electeurs, & des autres Membres

bres du Corps - Germanique, se décida malgré elle pour ce dernier parti. L'Heritière des *Cesars* étoit aimée en *France*, mais des Engagemens sacrés, qu'on n'avoit pas prévûs en 1735, vouloient qu'on la combattît & qu'on la traversât. Tel fut le destin de cette Reine dans cette Guerre, tous ses Ennemis devinrent ses admirateurs; si quelques Princes moderés écrivirent contre Elle, ce fut moins pour la condamner que la plaindre d'ignorer à quels excès de Barbarie se portoient ses *Pandoures*, ses *Tolpaches*, ses *Croates* & ses *Insurgens*, qui faisant la Guerre pour la premiere fois, commirent des abominations & des horreurs, que la vertu & la clémence de *Marie-Therése* auroient détestées, si Elle en avoit été instruite.

Le Cardinal de *Fleuri* contraint de faire violence à l'esprit pacifique de son Maître, promit enfin un Secours à l'Electeur de *Bavière* & à son nouvel Allié, & s'engagea envers l'un & l'autre de les deffendre contre le Roi d'*Angleterre* & les *Hollandois*, au cas qu'ils voulussent entreprendre quelque chose au préjudice des Cours de *Berlin* & de *Munich*.

Le

Le Maréchal de *Bell'isle* suivant toujours ses instructions, vit les Cours des
trois Electeurs Ecclésiastiques, & il parvint après une courte Conference, à ramener celui de *Cologne* au Parti de son
Frere; mais comme le Maréchal ne resta
pas toujours à *Bonn*, le Chevalier de
Champigny réussit encore à faire changer
le sistême politique du foible Electeur.
Ceux de *Mayence* & de *Treves* parurent
livrés à la Maison d'*Autriche*; mais les
insinuations pressantes du Maréchal firent sur eux la même impression qu'elles
avoient faites sur l'Electeur de *Cologne*,
& ces deux Princes annoncerent, sans
rien promettre positivement, qu'ils sui-
vroient le torrent.   Or il étoit incontestable alors, que la pluralité des suffrages appelloit *Charles* de *Bavière* au trône
de l'*Empire*, que ces augustes Ancêtres
avoient occupé plus d'une fois.

On ne peut pas dissimuler ici, que les
instructions remises au Maréchal de Bel-
l'isle l'avant-veille de son depart de *Verfailles*, portoient expressément, *qu'il devoit s'opposer à l'admission du Suffrage de
Boheme,* dont on paroissoit faire dependre
l'Election de l'Empereur en faveur du
Grand-Duc de *Toscane*. Les raisons de
cette

cette Instruction sont sensibles ; Quoique je les aye déja préssenties ailleurs, je dois dire, que l'intérêt de toutes les Puissances, qui ne font point partie du Corps-Germanique, est, que l'Empereur qui en est le Chef, ne soit pas un Prince assez puissant, pour donner la loi à l'Europe & pour abuser de sa puissance pour intenter des Guerres injustes ; l'Exemple de *Charles-Quint* est terrible, & doit faire sentir à-jamais à tous les Souverains, combien ils courrent de dangers, quand ils voyent sur le trône des *Cesars* un Prince qui réunit au titre d'Empereur, des possessions assez étenduës pour troubler à son gré la tranquilité publique.

Je sais que par lui-même le nom d'Empereur n'est rien qu'un Honneur stérile, souvent compromis à *Ratisbonne* par des Princes Subalternes, & je sais aussi que le Chef de l'Empire, n'a pas même une Maison dans la Ville où on le couronne ; mais je n'ignore pas, que lorsqu'il réunit à cette qualité, l'*Autriche*, la *Moravie*, la *Boheme*, la *Silesie*, la *Stirie*, la *Hongrie*, les dix Provinces des *Païs-bas héréditaires*, le Grand-Duché de *Toscane* & tant d'autres possessions qui

étoient

étoient devenues l'appanage de la Reine de *Hongrie*, c'eſt un Monarque, puiſſant qui peut ſe rendre redoutable, & rompre par ſes forces l'Equilibre de l'Europe.

Ces conſiderations multipliées, exigerent donc qu'un Prince beaucoup moins puiſſant que le Grand-Duc de *Toſcane*, fût élû Empereur, & la *France* ne balança point dans cette poſition, à s'intéreſſer en faveur de l'Electeur de *Baviére*. Tel fut le but des Negociations du Maréchal de Bell'iſle en *Allemagne*.

On a ôſé imprimer, que le projet de la France en travaillant à mettre l'Electeur de *Bavière* ſur le Trône Impérial, étoit, de gouverner l'Empire par accord avec ce Prince: il faut pour raiſonner ainſi, il faut ſuppoſer plus de mal-adreſſe que d'ambition dans le Conſeil de *Verſailles*, & moins d'honneur que de foibleſſe dans celui de *Munich*. On le repète encore, les vuës de la France étoient pures, & ſon objet n'étoit que de conſerver au Corps-Germanique la tranquilité que le Traité de *Weſtphalie* l'engage à maintenir.

Tandis que le Maréchal de Bell'iſle négocioit dans les Cours Electorales, celle

le de *Munich* travailloit, fous la Média-
tion de la France, à un Traité qui pût
rendre la Cour de *Berlin* favorable à l'E-
lection projettée, & aux deffeins ultérieurs que l'Electeur de *Bavière* pouvoit
avoir.   Le Marquis de *Valori*, Ambaffadeur du Roi Très-Chrétien auprès de
fa Majefté *Pruffienne*, entama cette Négociation, à laquelle le Maréchal de Bel·
l'ifle alla mettre la derniere main.   Les
grands hommes font faits pour s'honorer entre eux : jamais Mr. de Bell'ifle
ne fut reçû nulle part avec tant d'éclat
que par le Roi de *Pruffe*, à la tête de fes
Troupes ; toute l'Armée rangée en Bataille, parada devant le Maréchal de Bel·
l'ifle, à qui *Frederic* fit donner une Garde de 150 Cuiraffiers.   Tandis que le
Général François reçevoit toutes ces
diftinctions de la part du *Héros du Nord*,
il admiroit les difpofitions Militaires de
Frederic ; & d'après l'examen de fon
Camp, il dit *qu'il venoît d'apprendre enfin
l'Art de camper* : mot que ceux qui ont
approché du Maréchal de Bell'ifle, lui
ont entendû prononcer toutes les fois
qu'il parloit des talens guerriers de ce
Monarque fameux.

La Negociation dont j'ai parlé plus
haut,

haut, ayant été conduite à sa perfection,
le Maréchal quitta le Camp du Roi de
Pruſſe, qui étoit tout-à-la-fois le ſiége de
la Guerre, de la Politique & des Muſes,
& ſe rendit à *Francfort* par la *Saxe*. Il
s'arrêta à *Dreſde*, où le Roi de *Pologne*
le goûta au point, qu'il voulut negocier
directement avec lui; & le reſultat de
ce travail fut, d'entrer dans le Traité précédemment conclû entre les Cours de
Berlin & de *Munich*. Le Roi de *Pruſſe*
informé du ſuccès de cette Negociation
ne put s'empêcher de s'écrier avec admiration: *Il faut convenir que ce Maréchal de Bell'iſle eſt le Légiſlateur de l'Allé-
magne.*

Le Maréchal, après s'être arrêté quelques jours à *Francfort*, où il apprit que
des raiſons de convenance avoient renvoïé l'Election à un autre tems, alla à
Verſailles, tant pour y rendre un dernier
compte de ſes negociations en Allemagne & de la diſpoſition des eſprits des
Electeurs, que pour y concerter le Plan
des opérations qu'on devoit entreprendre en *Bohéme*, en cas que la Reine de
Hongrie continuât à ne point vouloir entendre parler d'aucun Partage quel-
conque des Païs de la Maiſon d'Autri-

G

che

che avec les cohéritiers qui s'étoient dé.
clarés.

Comme les malheurs que les Armées
Françoises ont essuïés, soit dans la *Baviere*, soit dans la *Boheme*, ont été attri-
bués au mauvais Plan des opérations ; il
est de mon devoir de justifier ici le Maréchal de Bell'isle, & de dire, qu'il fut
obligé de suivre des projets bien differens de ceux qu'il avoit proposés, & que
les disgraces des *François* ont été le seul
ouvrage du Cardinal de *Fleuri*, qui gâta
tout par son économie.

Le Maréchal de Bell'isle avoit demandé cent mille hommes, avec lesquels *il
se faisoit fort de conclure la Paix dans trois
mois sous les murs de Vienne.* On ne peut
plus le dissimuler, ce furent les expressions ; *Cent mille hommes,* s'écria l'éco-
nome Cardinal: *avec quarante mille, vous
ferez ce que vous voudrez : d'ailleurs la Reine de Hongrie ne vous saura pas sur les frontières de ses Etats, qu'elle signera avec empressement le Traité de Partage.*

Le Maréchal de Bell'isle insista sur son
premier Plan, qui auroit eu probablement les suites qu'il promettoit ; mais le
Cardinal mourant voulut emporter au
tombeau cette reputation, qu'il avoit
ac-

acquife ; parcequ'il ne favoit pas que l'économie qui eft une vertu pour un particulier, eft prefque toujours un vice dans un Miniftre: d'ailleurs on peut juger par le difcours que je viens de raporter, qu'il connoiſſoit mal l'Héritiere des *Cefars*, dont la fermeté & le courage héroïque n'ont jamais cédé à la fatalité des circonftances.

Le Maréchal de Bell'isle obligé de foufcrire aux intentions du Principal-Miniftre, retourna en Allemagne pour y commander les Troupes, fous les ordres toutes-fois de l'Electeur de *Baviere*, qui en fut déclaré *Generaliſſime*, par Lettres-Patentes données à *Verfailles* le 20 Juillet de cette même Année 1741, telles que le Roi de *Sardaigne* en avoit euës dans la derniere Guerre d'*Italie*.

La Reine de *Hongrie* inftruite de la marche-prochaine d'un Corps de Troupes Françoifes aux ordres de l'Electeur de *Baviere*, en écrivit au Cardinal de *Fleuri*, qui repondit à cette Princeſſe, que
,, *le Roi fon Maître ne pouvoit fe difpenfer*
,, *de remplir les anciens engagemens qu'il*
,, *avoit contractés avec l'Electeur de Baviè-*
,, *re, & qu'il refervoit un fecours auxiliaire*

G 2

,, à

„ *à ce Prince, dans le cas qu'il feroit obli-*
„ *gé de faire la Guerre . . . .* Le Cardi-
„ nal ajoutoit, que *Sa Majefté Hongroife*
„ *avoit contribué elle-même à cette refolu-*
„ *tion, par fa froideur & fes défiances con-*
„ *tinuelles envers la France, en ne lui fai-*
„ *fant aucune ouverture propre à diffiper*
„ *l'orage qu'elle craignoit, & en négligeant*
„ *un Allié dont elle croioit qu'elle pouvoit fe*
„ *paffer*". Cette reponfe jetta l'allarme
dans le Miniftère *Autrichien*, dont les
inquiétudes augmenterent encore, lorfqu'il apprit que l'*Efpagne* envoioit une
Armée en *Italie*, & que deux Armées
françoifes fe difpofoient dans le même-
tems à marcher en *Flandre* & fur le
Rhin.

L'Héritiere de *Charles VI.* ne fut jamais plus grande & plus fupérieure aux
Evénémens, que dans cette conjonctu-
re, où fe voyant au moment d'être attaquée par tant de Puiffances formida-
bles, Elle refolut de fe deffendre contre
Elles plutôt que d'en reçevoir la loi; &
en quel tems cette Augufte Reine pre-
noit-elle cette réfolution? Dans une circonftance critique, où fes Finances
épuifées, & fes Armées battuës par
le Roi de *Pruffe*, n'auroient laiffé que

le

le défespoir & la foumiffion à une Ame
commune.

Les Puiffances Maritimes furent de-
nouveau invitées de fournir les fecours
ftipulés par des Traités Antérieurs à la
fituation où la Reine de *Hongrie* fe trouvoit. Les affurances que le Cardinal de
Fleuri donnoit tous les jours à Mr. *van
Hoey* Ambaffadeur des Provinces-Unies,
que l'Armée qui alloit camper fur le *Rhin*
refpecteroit le territoire de la République, avec laquelle le Roi Très-Chrétien
vouloit continuer de vivre en bonne Intelligence (paroles renouvellées tous
les jours à la *Haye* par le Marquis de *Fenelon* Ambaffadeur de *France*), déterminè-
rent les Etats-Généraux à ne point fe
preffer à entrer dans une Guerre difpen-
dieufe, & dont, quels que fuffent les
Evénémens, les Provinces-Unies ne
pouvoient efperer aucun avantage. l'*Angleterre* fe modèlant d'abord fur la fageffe de la conduite des *Hollandois*, écarta,
autant qu'elle pût, les preffantes follici-
tations de la Cour de *Vienne*, & parla
de Négocier plutôt que de Combattre :
cependant elle donna, fans trop fe compromettre, un fecours pécuniaire, qui
répara un peu le vuide qui étoit dans les

Fi-

Finances de la Reine de *Hongrie*, & le Lord *Hindfort* fut envoyé auprès du Roi de *Prusse* pour tâcher de disposer ce Monarque à un Accommodement, tandis que Mr. *Robinson*, Ministre de la *Grande-Bretagne* à la Cour de *Vienne*, disposoit le Ministère *Autrichien* à proposer au Roi vainqueur, des conditions qu'il pût vouloir accepter; mais ce Prince appuïé par ses nouvelles Alliances, devint plus difficile qu'auparavant, & tandis que le Lord *Hindfort* retournoit à *Londres* avec le désagrément de n'avoir point réussi dans sa Négociation, Mr. *Robinson*, renvoié de *Presbourg* à *Vienne* sans avoir eû audience de la Reine de *Hongrie*, avoit joint au malheur d'échouër, celui d'avoir encourru la disgrace de cette Princesse, qui publia le lendemain contre lui un Rescript, dans lequel Elle se plaignoit *qu'il avoit tenû une conduite injurieuse à sa personne.*

Toutes ces tentatives n'ayant abouti qu'à jetter plus d'aigreur dans les esprits des Puissances belligerantes, les *François* marchèrent, & se réunirent à l'Armée *Bavaroise*, qui jugeant que la ville de *Passau* étoit une Place importante pour assurer la communication entre

la

la *Baviére* & la *Haute-Autriche*, s'en empara par surprise. Le Cardinal Evêque qui y résidoit, se plaignit de cet acte hostile, auquel il ne repondit qu'en employant la consolation des foibles, je parle d'une Protestation qu'il fit.

Lintz eut le sort de *Passau*. Cette ville Capitale de la *Haute-Autriche*, fut temoin d'un spectacle nouveau pour elle; elle vit un Prince qui n'étoit point de la Maison d'*Autriche* se faire proclamer Archiduc , & envoyer des partis jusqu'à trois lieuës de *Vienne*.

Cette Résidence des Souverains de la Maison d'*Autriche* étoit dans la dernière consternation : le brave *Kevenhuller* y commandoit; mais *Marie-Thérese* n'y étoit plus, & l'éloignement de cette Princesse augmentoit les allarmes des fidelles *Autrichiens*.

Les vrais lecteurs estimables, ceux qui cherchent dans une Histoire les causes des Evénémens, & non pas des dates stériles, ont dû voir avec étonnement (effet dont on trouve la cause dans l'esprit philosophique de ce siécle éclairé, plutôt que dans les ressorts compliqués qui font agir la Machine politique de l'Europe), ces Lecteurs phi-

losolofophes ont dû voir avec furprife l'Héritiere de *Charles VI.* fe retirer chez les *Hongrois*, & trouver des fecours puiffans auprès de cette Nation, que fon Père, & les prédéceffeurs de ce Prince, avoient fi fort maltraité, pendant que d'un autre côté, un Electeur de *Bavière* menace *Vienne* que fon Ayeul avoit fauvée autrefois. Telles font les revolutions humaines.

Le Miniftère *Autrichien*, qui avoit jufques dans le dernier fiécle contracté une humeur orguëilleufe, qui met dans le rifque de fe rendre coupable de cruauté, avoit perfuadé à fes Maîtres qu'une extrême féyérité étoit le feul moien de réduire les *Hongrois*, & ces confeils pernicieux firent long-tems de cette Nation, aujourd'hui fi fidelle, un peuple de rebelles; mais *Marie-Theréfe* n'écoutant que fon cœur, n'eut pas de peine à s'attirer les hommages de cette Nation, qui la mettant au nombre des plus grands hommes, l'apellent toujours fon *Roi.* Cette Illuftre Reine, engagée par la fatalité des circonftances à fe retirer à *Presbourg*, portoit, du fein de cette Capitale, fes regards fur tout ce que l'avenir pouvoit lui annoncer de funefte; fouvent

vent

vent attriftée, jamais abatuë, & toujours ferme, *Marie Théréfe* voioit avec
fang froid les Ennemis de fa Maifon balancer entre *Vienne* & *Prague*.

l'Electeur de *Bavière* glorieux de fes
premiers fuccés, parloit de marcher de
Lintz à la Réfidence de la Maifon d'*Autriche:* mais le Maréchal de Bell'ifle qui
avoit des inftructions particulières, ne
put acquiefcer à cet avis quoiqu'il fût le
fien; car, fubordonné comme il l'étoit,
au Cardinal de *Fleuri*, il fut obligé de
fe conformer aux vuës moderées de ce
principal Miniftre, qui voulut moins
combattre dans cette Guerre la Reine de
Hongrie, que l'effrayer par l'appareil des
Armées que la *France* avoit fur pied. En
conféquence il fut réfolu après beaucoup
de difcuffions, qui tournerent à l'avantage de la Maifon d'*Autriche*, il fut déci-
dé dis-je, que les Troupes *Françoifes - Ba-
varoifes* & *Saxonnes* marcheroient directement à *Prague*, après avoir fait fommer
inutilement le Comte de *Kevenhuller* de
rendre *Vienne*.

Dans cette confternation, que chaque moment rendoit plus fenfible, la
Reine de *Hongrie* ne ceffoit d'animer en

G 5

fa

ſa faveur *l'Angleterre* & la *Hollande*. Le peuple de *Londres* qui penſe d'après ſoi-même, & qui n'attend pas la déciſion de ſes Rois pour prendre un parti, voulut offrir une groſſe ſomme d'argent à la Reine de *Hongrie*; la fameuſe Ducheſſe de *Malboroug*, Veuve de ce Héros qui fut ſi utile à *Charles VI*, aſſembla les principales Dames de *Londres*, qui s'engagerent *à fournir cent mille livres ſterling à* MARIE - THÉRÉSE : la Ducheſſe depoſa elle ſeule plus des deux tiers de cette ſomme.

La Reine de *Hongrie* informée de cette délibération, eut la généroſité de refuſer ce Don gratuit, & après les remerciemens les plus honnêtes qu'Elle chargea ſon Miniſtre de faire aux Dames Angloiſes, Elle declara *qu'elle ne reçevroit que l'argent que le Parlement aſſemblé à Weſtminſter lui offriroit.*

Les *François* & leurs Alliés arriverent au mois de Novembre aux environs de *Prague*. Juſques-là cette demarche n'étoit pas dangereuſe, mais les *Bavarois* & les *François* manquants de vivres, & la poſition dans laquelle ils ſe trouvoient, ne leur préſentant pas l'eſpoir d'en avoir

voir beaucoup, il fallut opter entre pe-
rir, ou d'emporter dans l'inſtant la Capitale de la *Bohème*.

Ces reflections engagèrent les François à faire décider l'Electeur de *Bavière* à prendre cette Place par la voïe de
l'Eſcalade.   Ce parti, tout violent qu'il
paroiſſoit, étoit d'autant plus ſage, que
l'on étoit inſtruit que le Grand-Duc de
Toſcane, qui ſentoit de quelle importance étoit *Prague*, marchoit à ſon ſecours à la tête de 30 mille hommes; d'ailleurs on ſavoit que la garniſon de cette
Ville étenduë, n'étoit compoſée que de
trois mille hommes aux ordres du Général *Ogilvy*, Irlandois.

Le Maréchal de Bell'iſle vit qu'il n'y a-
voit que l'audace d'une démarche promte
qui pût aſſurer les ſuccés de l'Electeur de
Bavière, qui ne faiſoit rien ſans l'avis de ce
Général françois, & détermina l'aſſaut.

Voici comment *Prague* fut priſe par
Eſcalade la nuit du 25 au 26 Novembre, dans le moment même que le Grand-
Duc de *Toſcane* venoit d'arriver avec
ſon Armée à dix mille de cette Place.
Tandis que par de fauſſes Attaques
on fixoit l'attention du Général *Ogilvy*
du côté de *la Petite ville*, le Comte *Maurice*

rice de Saxe, le même que nous avons vû commander avec tant de gloire & de bonheur les Armées *Françoifes*, efcaladoit les remparts de la *ville neuve*.

Mr. *de Chevert*, Lieutenant-Colonel du Régiment de *Beauce*, monta le premier ; le Maréchal de Bell'ifle témoin de fa bravoure, le nomma le lendemain *Lieutenant de Roi de la Place*. C'eft le même guerrier que nous avons vû élevé par fon propre mérite (& fans les brigues des femmes de la Cour) aux honneurs militaires, & décoré de deux Ordres refpectables, qui annoncent le mérite & les talens.

Mr. *de Broglio*, le même qui commande aujourd'hui en Chef & qu'on ne peut mieux louër qu'en difant qu'il eft le digne rival du Prince *Ferdinand de Brunswick*, fuivit Mr. de *Chevert*, & tous les *François* & les *Saxons* animés par ces deux exemples, & par la fage conduite du Comte de *Saxe*, efcaladerent ce rempart & fe rendirent Maîtres de la ville, après avoir forcé le Général *Ogilvy* de mettre bas les armes avec fes trois mille hommes. Quelques milliers d'Etudians furent trouvés armés fur une Place, par le Comte de *Saxe*, qui cria en Allemand,

ſi ces Poliçons ne mettent bas les armes &
ne ſe retirent chez eux, je vais leur faire
donner les étrivières par nos grénadiers; la
milice ſcolaſtique s'enfuit à ce mot, &
trompa par-là l'eſpoir que le Général
Ogilvy & les habitans de *Prague* avoient
fondé ſur cette jeuneſſe tumultueuſe &
bruïante.

l'Electeur de *Baviére* enchanté d'un
ſuccés qui pouvoit devenir deciſif, en
rendit compte au Roi de *France*, avec
la modeſtie d'un Général qui détaille à
ſon Maître les opérations de ſon Armée; & après avoir fait, le jour même
de la priſe de *Prague*, ſon Entrée publique dans cette Capitale de la *Bohème*, il
s'y fit Couronner *Roi* quelques jours a-
près.

Il eſt à remarquer que cette conquête
de *Prague*, entrepriſe par la voye la plus
dangereuſe, ne coûta la vie qu'à un ſeul
Officier, qui étoit attaché au ſervice de
Saxe.

Cette priſe de *Prague* devint la **Nou-**
velle la plus importante pour les deux
Partis; ſi elle affligeoit *Vienne* & ſes partiſans, qui étoient en grand nombre,
elle animoit le courage des *Bavarois* &
de leurs Alliés, à qui cette première Con-
quê-

quête en fit efperer d'autres. Parmi les barbouilleurs de Papier qui ôfèrent écrire contre les Vainqueurs de *Prague*, on remarque avec indignation l'Auteur de *la pofte du foir*, nommé en Anglois *London Evening-Poft*, gazette de *Londres* dont l'art en titre d'Office eft de fapper d'une main impudente le Trône & l'Autel, d'infulter au Mérite, d'avilir la Valeur & de dénigrer les Talens. Le Maréchal de Bell'ifle fut diffamé dans cette Rapfodie Britannique, dont le deftin a fouvent été d'être compofée par des fots ou par des malhonnêtes gens, qu'on tolére à *Londres* comme on fouffre dans certains cantons des bêtes féroces, dont on ne peut purger la Terre qu'en les anéantiffant.

Tandis que l'infame Critique diftilloit fes poifons dans *l'Evening - Poft* contre le Maréchal de Bell'ifle, ce Héros tranquille au milieu de fes Succés, que les Ennemis généreux de la *France* refpectoient, fe préparoit à mettre le comble à fa gloire.

l'Electeur de *Bavière* proclamé Archiduc *d'Autriche* à *Lintz*, Couronné *Roi de Bohéme* à *Prague*, regardoit ces titres comme autant de marches qui l'élevoient

au

au Trone de *l'Empire* ; & pour ne point réfroidir les difpofitions favorables dans lefquelles la plûpart des Electeurs étoient, il refolut de fe rendre à *Francfort* , après avoir convoqué les Etats de *Prague* dans la Capitale de ce Royaume.

Cette Affemblée eut un fuccés qui dénotoit ou beaucoup de crainte ou peu de fidelité de la part des *Bohémiens* au fang de leurs anciens Maîtres, & le Nouveau Roi reçût dans cette Diette tous les honneurs & toutes les félicitations, qu'un peuple prodigue ordinairement à un Souverain dont il eft idolâtre. Le Maréchal de Bell'ifle reçût alors une lettre très flatteufe du Cardinal de *Fleuri* , qui mourut le mois fuivant ; elle étoit conçuë en ces termes :

„ *Iffy* , *ce 8 Decembre* 1741.

„ Tout ce que vous avez fait à *Pra-*
„ *gue* eft on ne peut pas mieux, Mon-
„ fieur le Maréchal ; la lettre de Mr.
„ *Amelot* vous dira plus au long le bien
„ qu'on vous veut de ce que vous avez
„ fait, & de celui que vous allez ope-
„ rer en vous rendant à *Francfort* avec
„ Sa

„ Sa Majesté le *Roi de Bohême*. Vos
„ dernières instructions sont ci-jointes.
„ Mr. de *Broglio* reçoit par le même
„ courrier des ordres du Roi, pour aller
„ vous remplacer à *Prague* pendant tout
„ le tems que votre présence sera né-
„ cessaire à la Diette de *Francfort*, où
„ je ne doute point que vous ferez res-
„ pecter le nom du Roi, dans le même
„ tems que vous ferez valoir les servi-
„ ces desintéressés qu'il rend à l'Empi-
„ re, pour qui il sacrifie, sans aucun es-
„ poir, ses Finances & ses Troupes.
„ J'attens de vos Nouvelles par le
„ retour de mon Courrier, & je comp-
„ te que vous m'écrirez tous les jours,
„ aussitôt que vous aurez mis les fers au
„ feu à *Francfort*. Ma santé est dans un
„ grand délabrement : Mr. *Helvetius* &
„ les autres voudroient que je prisse du
„ du repos ; mais je crains fort de n'en
„ prendre que trop incessamment. Je me
„ reféré à ce que Mr. *Amelot* vous mande
„ sur le Chapitre des graces : Au nom
„ de Dieu ne les prodiguons pas dans
„ un Commencement de Campagne !
„ Voila tout ce que je puis vous écrire
„ aujourd'hui ; je finis cette lettre, que
„ je ne croiois pas faire si longue, en
„ vous

„ vous assurant, Monsieur le Maré-
„ chal, que personne au monde ne vous
„ honore plus particuliérement que
„ moi.

Le Cardinal de Fleury.

Le Maréchal de Bell'isle publia, a-
vant de se rendre à sa nouvelle destination, un Reglement relatif aux Troupes qu'il laissoit en *Bohème* ; cette Pièce, dattée du 14 Decembre, fait trop
d'honneur à son amour du bien-public,
de la Police des Troupes, à son désintéressement, & à son esprit de prévo-
yance & de détail, pour que nous ne le
raportions pas ici ; d'ailleurs ce Reglement peu connû aujourd'hui, mérite
d'être réimprimé, pour servir de leçon
à tous les Militaires chargés de commander en Chef. Tel est le contenu de
cette Piéce :

H   REGLE-

REGLEMENT

*Pour la Cavalerie, les Huſſards, les
Dragons, & l'Infanterie.*

ARTICLE I.

,, CHAQUE Régiment de Cavalerie &
,, d'Huſſards remettra au Maréchal
,, Général des Logis de la Cavalerie, &
,, chaque Régiment de Dragons au Major
,, Général des Dragons, un *Etat* des hom-
,, mes & des Chevaux effectifs, ſigné par
,, les Commandans des Corps.

,, II. Il ſera remis à chacun deſdits
,, Commandans un *Etat* des quartiers qui
,, leur ſont deſtinés & des villages qui
,, devront contribuer à la ſubſiſtance de
,, leur Régiment.

,, III. l'Etat-Major choiſira l'endroit le
,, plus convenable des quartiers, &, au-
,, tant que faire ſe pourra, le plus à-por-
,, tée de tous pour ſa réſidence.

,, IV. Les Brigades n'étant point rom-
,, puës, & comme je les ai fait placer
,, dans l'endroit où elles doivent mar-
,, cher, les Eſcadrons obſerveront le mê-
,, me ordre autant que faire ſe pourra,
,, en s'arrangeant de façon que les Com-
,, pa-

„ pagnies qui forment un Escadron , a-
„ yent leurs quartiers près les unes des au-
„ tres.

„ V. La Compagnie Mestre-de Camp
„ choisira suivant l'usage , & entraînera les
„ trois autres Compagnies qui forment son
„ Escadron , ou dans le même quartier ,
„ s'il y a place pour tout l'Escadron , ou
„ dans les quartiers les plus prochains.

„ VI. Le Lieutenant Colonel tirera au
„ sort pour l'emplacement de sa Compa-
„ gnie & de son Escadron , par conse-
„ quent avec celui qui commande le troi-
„ sième dans les Régimens où il y en au-
„ ra trois.

„ VII. Les Colonels & les Lieutenans-
„ Colonels feront tous les quinze jours
„ la visite des quartiers du Régiment,
„ c'est-à-dire tour-à-tour , & en rendront
„ compte aux Brigadiers à leur retour ,
„ observant de s'informer de l'état des
„ hommes & des chevaux , & de la disci-
„ pline & conduite qu'ils tiennent par-ra-
„ port au païs.

„ VIII. Les Brigadiers rendront le comp-
„ te qu'ils auront reçûs des Colonels &
„ Lieutenans-Colonels à l'Officier Géné-
„ ral qui commandera dans le district où
„ leurs Brigades feront placées.

„ IX. S'il arrivoit que les Compagnies
„ fussent trop serrées dans les quartiers
„ qu'on leur a donnés , ou qu'il y eût
„ dans le nombre des villages affectés à
„ leur subsistance , des lieux où elles trou-
H 2
„ ve-

„ veroient plus de commodité, elles en
„ informeront l'Officier - Général ; & fur
„ fa permiffion elles s'y établiront.

„ X. l'Officier Général Commandant
„ dans un diftrict, aura un *Etat* des quar-
„ tiers de tout ce qui fera fous fes ordres;
„ les Brigadiers de - même de leurs bri-
„ gades.

„ XI. Il y aura un Commiffaire des
„ Guerres chargé du diftrict d'un certain
„ Nombre d'Efcadrons, lequel fera four-
„ nir à chaque Compagnie la quantité de
„ rations proportionnée aux effectifs: Il
„ remettra à chaque Colonel l'*Etat* des
„ villages qui doivent fournir à fon Ré-
„ giment, afin qu'il puiffe avoir l'œil de
„ fon côté à ce qu'il ne foit rien emploié
„ que par l'ordre du Commiffaire.

„ XII. Il en fera ufé de même pour les
„ rations de fourages de Mrs. les Officiers-
„ Généraux, ne devant être donné au-
„ cun ordre dans le païs pour la fourni-
„ ture des fourages de quoique ce foit,
„ que fur ceux des Commiffaires des Guer-
„ res, qui les recevront de Mr. de *Sechel-*
„ *les*, Intendant de l'Armée.

„ XIII. Les fubfiftances pour le Cava-
„ lier, Huffard & Dragon, confifteront
„ en pain: dans le cas où il fera fourni
„ des Magazins, la ration ordinaire fera
„ d'une livre & demie; & lorfqu'il fera
„ fourni par le Païs, la Portion ordinaire
„ étant de deux livres, elle fera livrée
„ fur ce pied.

XIV.

„ XIV. La viande sera livrée sur le pié
„ de deux livres par semaine à chaque
„ Cavalier, Hussard & Dragon, & sera
„ distribuée le dimanche pour toute la se-
„ maine.

„ XV. Les fourages pour les Chevaux
„ seront livrés sur le pied de dix livres de
„ foin & douze livres de paille, la litiere
„ y comprise; & dans les endroits où l'es-
„ péce du foin ne sera pas abondante,
„ on suprimera quelques livres de foin, qui
„ seront remplacées en paille.

„ XVI. Il sera ordonné à tous les Régi-
„ mens de hâcher la paille, & aux Offi-
„ ciers de faire apprendre les Cavaliers à
„ la hâcher; cet Article est d'autant plus
„ indispensable, que j'ordonne dès·à·pré-
„ sent à Mrs. les Mestres de Camp, d'a-
„ voir des hâchoirs pour la Campagne
„ prochaine: je m'en ferai rendre comp-
„ te, quand l'Armée s'assemblera; & j'en
„ rendrai les Mestres de Camp responsa-
„ bles.

„ XVII. En cas d'insuffisance d'avoines qui
„ sera delivrée sur le pied de deux tiers de
„ boisseau, les autres mênus grains pou-
„ ront être employés à la nourriture des
„ Chevaux, l'orge avec la réduction d'un
„ tiers, & le seigle avec la réduction de
„ moitié.

„ XVIII. Il sera formé dans chaque lieu
„ où il y aura des Troupes, un Magazin,
„ qui sera fourni par tous les lieux d'ar-
„ rondissement à proportion de leurs For-

H 3

„ ces,

„ ces : il y fera établi un Commis par le
„ principal Bourguemaître ou Baillif du
„ Canton qui fera chargé de la recette &
„ de la depenfe des fourages.

„ XIX. Il fera defendu aux Cavaliers de bat-
„ tre le grain de leurs hôtes ou de toucher à
„ quoique ce puiffe être, qu'à ce qui leur fera
„ fourni : les Commandans des Compagnies
„ en feront refponfables ; & fur les plaintes
„ des Bourguemaitres ou des Baillifs, la
„ retenuë du dommage fera faite fur leurs
„ quartiers d'hiver.

„ XX. Les Officiers des Compagnies
„ donneront tous les jours aux Bourgue-
„ maitres des lieux où ils feront établis,
„ un reçû figné de chaque livraifon qui
„ leur fera faite, de quelque efpèce qu'el-
„ le puiffe être ; ils auront même attention
„ de fe faire donner par les mêmes Bour-
„ guemaitres un billet figné d'eux comme
„ quoi ils n'en ont reçu que tant.

„ XXI. Les contre-billets feront en-
„ voïés toutes les femaines au Major de
„ leur Regiment, & le Major les adreffe-
„ ra à Mr. de *Sechelles* Intendant de l'Ar-
„ mée, par la voie du Commiffaire des
„ Guerres.

„ XXII. Les Cavaliers & Huffards &c.
„ feront logés au feu & à la chandelle de
„ leurs hôtes fans qu'ils puiffent en exi-
„ ger autre chofe que la fubfiftance ci-
„ deffus reglée.

„ XXIII. Le fel fera fourni comme le
„ pain & la viande fur le pied d'un tiers

de

,, de livre par chaque Cavalier, Huſſard
,, & Dragon par mois.

,, XXIV. Il ſera libre aux Païſans qui
,, auront des Cavaliers, Huſſards ou Dra-
,, gons logés chez eux, de garder la
,, chambre qu'ils habitent, pourvû qu'il
,, y en ait une autre qui ſoit habitable &
,, qu'on puiſſe s'y chauffer.

,, XXV. Les Communautés fourniront
,, aux Cavaliers, Huſſards & Dragons, les
,, draps & les lits qui ſeront en uſage dans
,, le Païs.

,, XXVI. Il eſt défendu expreſſément
,, à tout Officier, de quelque grade & ca-
,, ractére qu'il ſoit, de rien exiger ſous
,, quelque prétexte que ce puiſſe être,
,, même en gibier, & d'aller à la chaſſe.

,, XXVII. Il eſt pareillement défendu,
,, de commander aucune voiture du Païs
,, pour leur uſage particulier; & s'il arri-
,, voit des cas forcés où ils fuſſent obli-
,, gés d'en commander pour le ſervice du
,, Roi, ils donneront leurs ordres par
,, écrit aux Bourguemaitres, & ſe feront
,, donner réciproquement un billet par
,, lesdits Bourguemaitres, comme quoi ils
,, n'ont commandé que tant de voitures,
,, & pour tant de tems, & pour tel uſage
,, qui ſera expliqué; & les Majors en-
,, verront auſſi les contre-billets au Com-
,, miſſaire, comme il a été ordonné ci-
,, deſſus, pour ceux de toutes les autres
,, délivrances qui leur feront faites.

H 4　　　　,, XXVIII.

,, XXVIII. Les Logemens dans les
,, quartiers, tant pour les Officiers que
,, pour la Cavalerie feront faits par les
,, Commiffaires des Guerres.

,, XXIX. Il ne fera rien innové à la
,, police particuliere des lieux où les
,, Troupes feront établies, & Mrs. les
,, Officiers ne pourront y rien changer
,, qu'en ce qui concernera la difcipline de
,, la Troupe.

,, XXX. Le bois pour le chauffage des
,, Officiers leur fera fourni dans leur quar-
,, tiers, fans qu'ils puiffent fous peine
,, d'en repondre en envoier couper dans
,, les forêts.

XXXI. *Bois à fournir par mois pas les Vil-*
les, Bourgs & Villages de la Bohéme,
fans que ceux qui font compris dans ce
Reglement, puiffent en exiger au-delà de
ce qui eft porté.

,, *Aux Colonels,* cinq cordes.
,, *Aux Lieutenans-Colonels,* trois.
,, *Aux Majors, Aïde-Majors & Capitai-*
,, *nes,* deux.

,, *Aux Lieutenans, Cornettes & Maré-*
,, *chaux des Logis,* une corde & demie.

,, *A chaque Corps de Garde,* dix cordes,
,, & dix livres de chandelles par mois,
,, faifant par vingt-quatre heures un tiers
,, de cordes de bois & de livres de chan-
,, delles.

,, XXXII. Les mêmes Villes, Bourgs
,, & Villages founiront auffi les lanternes
,, &

„ & les chandelles pour les écuries, de
„ de même que les pêles, les fourches de
„ bois & les balais.
„ XXXIII. *Et dernier* : Il sera indiqué
„ à chaque Regiment l'Hôpital le plus à
„ portée, où l'on pourra envoier les Sol-
„ dats malades : on pourra prendre les
„ voitures nécessaires pour les transpor-
„ ter, en rendant compte au Commissai-
„ re de l'usage qu'on aura fait des voitu-
„ res du Païs.
Fait à Prague le 14 *Decembre* 1741.
Le Maréchal Duc de Bell'isle.

En raportant ce Reglement, peu in-
téressant pour des Lecteurs qui ne cherchent dans une Histoire que des bons-
mots & des Anecdotes saillantes, je n'ai eu
d'autre objet que de vanger les François
& leur Chef des insultes dont 40 brochu-
res volumineuses les ont accablés sur la
conduite qu'ils avoient tenûe à *Prague*
& dans le reste de la Bohéme ; *Devasta-
tions des François en Bohéme* ; *Pirateries
des François à Prague*. tels étoient les titres moins offensans de ces libelles scan-
daleux, que le Maréchal de Bell'isle mé-
prisa avec raison, mais que ceux qui es-
sayent de le faire connoître à la postérité doivent démentir.
En effet rien n'est plus sage que le
H 5

Re-

Reglement qu'on vient de lire : on y re-
trouve partout un Général attentif au
bon ordre, prévoyant fur les befoins du
Soldat, toujours compenfés avec les
moiens poffibles du Païs, & enfin un
Chef ennemi de ce defordre & de ce
brigandage, qui depuis lui s'étoient introduits infenfiblement dans les Armées
Françoifes ; Comme des Faits de cette
nature ne peuvent être fupprimés par
un Hiftorien qui ne fait pas flater, &
qu'ils ne doivent point être rifqués au
hazard, je tire mes preuves des lettres
de M. le Maréchal Duc de *Noailles* à
Mr. le Comte d'*Argençon*, de celles de
S. A. S. M. le Comte de *Clermont* Prince du Sang, & de M. le Maréchal de
Contades.

Le Miniftère de M. de Bell'isle, la
fageffe du Maréchal Prince de *Soubife*,
& du Maréchal de *Broglio*, animées par
le Miniftre éclairé qui a fuccédé dans le
departement de la Guerre au Général
qui eft l'objet de cet ouvrage, ont déra-
ciné peu à peu les abus que la licence
avoit tolerés ; & graces à la prévoyan-
ce attentive de ceux que je viens de
nommer, le bon ordre & la difcipline font
rentrés dans le Militaire.

Le

M. le Maréchal de Bell'isle ayant fait encore differens Reglemens, que nous ne raporterons point, celui que nous venons de donner suffisant pour dementir tous les faux bruits qui ont courû, fit quelques dispositions Militaires, & quitta la *Bohême* pour se rendre à *Francfort* en qualité d'Ambassadeur extraordinaire du Roi de France à la Diette d'Election.

C'étoit un spectacle nouveau pour l'univers, de voir un Roi de *France* conférer à l'Electeur de *Baviere*, la Dignité Impériale, qui paroissoit depuis plus de trois cent ans héréditaire dans la Maison d'*Autriche* : Si l'Europe Politique vit cet Evénement avec une admiration mêlée de surprise, la ville de *Francfort* fut temoin d'une magnificence, dont aucun Couronnement n'avoit donné l'exemple : jamais le faste asiatique porta si loin l'éclat & la somptuosité que le Maréchal de Bell'isle étala dans cette Ambassade ; s'il n'effaça pas M. de *Montigo* par la prodigalité de ses dépenses, il le fit par la dignité d'un luxe recherché, & fut le grand Ministre d'un grand Roi, puisqu'il subjugea par son éloquence ceux qu'il devoit captiver, & qu'il réussit dans la Négociation la plus importante & la

plus

plus délicate.   Etaler des chevaux fu-
perbement enharnachés, montrer une
livrée riche, & un domeſtique nom-
breux, répandre l'argent, & ſervir une
table delicate, ce merite eſt mince; &
tout Miniſtre, qui avec cela ſeul croiroit
être un grand Négociateur, verroit ſa réputation dépendre de ſon Coffrefort, de
ſon tailleur & de ſon cuiſinier : Il faut
ſans doute que dans de pareilles circonſtances un Ambaſſadeur ſoit grand, pour
honorer tout-à-la fois ſon caractère &
le nom de celui qu'il repreſente, mais
il faut joindre à ce ton extérieur, l'art de
perſuader les hommes, de concilier leur
eſprit par la force de la vérité plus que
par la ſupercherie, connoître les intérêts de ſon maître, ſavoir y amener les
ſuffrages les plus oppoſés, & triompher
enfin de tous les obſtacles dont la mauvaiſe volonté, quelques fois les connoiſſances & ſouvent l'eſprit, embarraſſent
la Politique.

Tels furent les talens profonds que le
Maréchal de Bell'iſle a ſçu réunir au merite de la Repréſentation, & qui lui atti-
rerent à *Francfort* l'admiration de l'Europe, l'eſtime du Collége Electoral, &
la jalouſie de ſes compatriotes.

Le

Le suffrage de *Boheme* étoit, par le calcul des voix, un obstacle invincible à l'Election du *Bavarois*, si on lui eût donné son activité : quelques Electeurs penchoient pour ce dernier parti ; mais le Maréchal de Bell'isle qui avoit pour lui les loix de l'Empire, les fit valoir, & leur autorité fut respectée par le refus de l'admission d'une voix que les femmes ne peuvent exercer, tant qu'elles ne font point Reines de *Boheme* ; or l'Electeur s'étant fait Couronner à *Prague*, le même parti ne pouvoit diviser cette Couronne en reconnoissant deux Souverains du même Royaume.

Toutes les difficultés ayant été levées par le Maréchal de Bell'isle, on procéda à l'Election ; & le 24 Janvier 1742, l'Electeur de *Baviere* fut élû Empereur sous le nom de *Charles VII.*

Le Maréchal de Bell'isle, à qui ce glorieux Evénement avoit attiré une considération plus grande encore que celle dont il jouïssoit précédemment, étoit regardé moins comme un Ambassadeur que comme un premier Electeur, dont le suffrage préponderant avoit assigné l'Empire. L'Electeur de *Mayence*, comme premier Membre du Collége Electoral,

ral, préfidoit en perfonne à cette Election; malgré d'Elevation de fon rang, il donna toujours la main dans fon Palais au Maréchal de Bell'isle, & celui qui prenoit le pas fur tous les Princes de l'Empire, ne donnoit chez lui la main qu'aux feuls Electeurs. La Chancellerie Allemande toujours minutieufe & toujours remplie de fon étiquette, n'avoit jufqu'à ce jour voulû reçevoir les Pleins-pouvoirs d'aucune Puiffance qu'ils ne fuffent en Latin : ceux du Maréchal de Bell'isle étoient redigés en Langue Françoife, & la Chancellerie Allemande immolant fes anciens ufages, les refpecta. Enfin tout ce qui fut fait à *Francfort* par le Maréchal de Bell'isle porta l'empreinte de la grandeur de *Louis XV*, & de l'Elevation du Miniftre qu'il avoit choifi pour le reprefenter avec dignité dans ce Collége refpectable de Souverains.

Le Couronnement de *Charles VII*. fuivit d'affez près fon Election, mais bien des disgraces fuivirent à leur tour cette heureux Evénement. La Chance tourna, parce que les François firent des fautes, dont le Prince *Charles de Lorraine*, & le Comte de *Kevenhul-*
ler

ler sçurent profiter en Généraux habiles.

D'ailleurs *Marie-Thérese* qui avoit pour Elle son courage inébranlable, des ressources pécuniaires en *Angleterre*, en *Hollande* & à *Venise*, & la valeur de ses Troupes réunies de toutes parts, mit à profit ces heureuses circonstances, & vit les *François* affoiblis & détruits ceder leurs premieres Conquêtes. La *France* qui voioit la mauvaise tournure que les affaires prenoient en *Boheme*, pressoit vivement le Maréchal d'y retourner ; mais depuis que sa mission fut terminée à *Francfort*, sa santé delabrée par les fatigues de la Guerre & du Cabinet, le mettoit hors d'état de satisfaire aux ordres empressés de la Cour. Le Cardinal infirme & toujours mourant faisoit écrire les Ministres de la Guerre & des Affaires au Maréchal de Bell'isle, qui tout malade qu'il étoit à *Francfort*, travailloit aux Négociations & donnoit des avis en *Boheme* ; je dis *avis*, parcequ'il ne pouvoit commander, puisqu'il étoit censé alors être sous les ordres de M. de *Broglio*, son ancien.

M. de Bell'isle arriva enfin le 23 Mai à l'Armée de *Bohème*, dans le moment qu'on qu'on y faifoit des rejouïffances pour le fuccés de la Bataille de *Czaslaw*, que le Roi de Pruffe venoit de gagner fur le Prince *Charles*, qui auroit probablement vaincu lui-même, fi l'amour du Pillage n'avoit rendu fes Soldats indociles à la voix de leur Chef; du moins c'eft ainfi que le Prince *Charles*, Héros modefte & par conféquent vrai, en écrivit au Grand-Duc fon Frère.

Le Public ne fera peut-être pas fâché de trouver ici un extrait de cette Lettre.

„ *Si j'eus jamais lieu* „ *dit le Prince* „ *Charles* „ *de me promettre une Victoire* „ *complette, c'eft dans cette occafion. No-* „ *tre aile droite a répouffé jufqu'à trois fois* „ *l'aile gauche des Ennemis : nous avons* „ *pénétré dans leur Camp après avoir mis* „ *le feu à Chotozitz, où ils s'étoient re-* „ *tirés; mais priéres, amour de la gloire,* „ *menaces même, rien n'a pû les arracher* „ *à l'avidité du pillage; cette fatale cir-* „ *conftance a mis l'Ennemi en état de fe* „ *reconnoître, de rallier fon Infanterie fu-* „ *perieure à la notre, & de vaincre, puif-* „ *qu'il faut le dire; mais cette affaire ne* „ *porte pas un coup décifif, & vous de-* „ *vez tranquilifer la Reine fur les Réla-* „ *tions*

„ tions exagerées que les Ennemis ne man-
„ queront pas de publier de cette jour-
„ née, &c.

Huit jours après la Bataille de Czaslaw, il y eut une action très vive entre
les François, & les Autrichiens commandés par le Prince de *Lobkowitz*. Le Maréchal de Bell'ifle inftruit à fon arrivée,
que les Ennemis faifoient le Siége de
Frawenberg, jugea que ce pofte étoit
affez important pour être deffendu; il
communiqua en confequence fes idées
au Maréchal de *Broglio*, fon fuperieur
par l'ancienneté du rang, & fon Antago-
nifte par une façon différente de penfer, qui vient moins d'une baffe jalou-
fie dont on ne peut foupçonner un Héros - citoien, que de la maniere de voir
les objets, qui peut varier fuivant le
nombre des perfonnes, qui prononcent
fur toutes les chofes dont l'évidence n'eft
pas conftatée.

Les idées des deux Maréchaux fe
réunirent cette fois, & après une Conférence affez longue, ils convinrent entre eux, qu'il étoit effentiel qu'ils con-
traigniffent le Prince de *Lobkowitz* à lever le Siége de *Frawenberg*; ce fut en
confequence de cette déliberation, que

I

les

les François marchèrent au Général *Autrichien*; celui-ci qui ne vouloit point être attaqué dans son Camp, alla aux François; le combat s'engagea à six heures du soir, les *Autrichiens* furent vaincûs à neuf heures, & le lendemain le Prince de *Lobkowitz*, Général d'un grand merite, mais qui avoit la Charlatanerie du métier, fit chanter un *Te Deum*, en reconnoissance d'une Victoire qui le forçant de lever le Siége du Chateau de *Frawenberg*, le chassoit à toutes jambes à *Büdweis*.

Le Maréchal de *Villars* disoit, en parlant des *Te Deum*: c'est *la dragée du peuple, & les Ministres font bien de la lui faire succer, parcequ'elle lui ôte l'amertune du Chicotin qu'on lui fait manger après.*

La Reine de *Hongrie*, dont le sistème étoit de ranimer ses Troupes déja affoiblies, prétendoit avoir gagné la Bataille de *Sahai*; mais la levée du Siége de *Frawenberg*, la Rétraite précipitée du Prince de *Lobkowitz*, & plus que cela la valeur du corps illustre des Carabiniers françois, & la bravoure des Dragons de la même Nation, dementoient les tristes rejouissances qu'on faisoit en *Autriche*, & le sang des Troupes de la Reine

ne de Hongrie éteignoit les feux de Joie
que la Politique de son Conseil vouloit
allumer.

Cette Victoire de *Sahai*, avantageu-
se pour l'instant aux *François*, n'eut pas
les suittes que les grands Evénemens amé-
nent après eux, parceque la disette de
Cavalerie, les maladies, & le païs ani-
mé contre les *François*, portoient une
playe sanglante, qui devoit saigner jusqu'à ce qu'on trouvât un remède effi-
cace, qui n'étoit pas prêt à être appliqué.

Les deux Maréchaux resolurent de
porter plus loin le succés de l'affaire de
Sahai, & d'attaquer le Prince de *Lobkowitz* dans *Budweis*; mais dans le tems
que ces projets alloient éclore, on sur-
prit à *Prague* un Courrier *Anglois*, qui
venoit de *Vienne*. Cet homme conduit
par ordre de Mr. de *Chevert* à *Piseck* où
étoient Mrs. de *Broglio* & de Bell'isle,
fut fouillé: on le trouva sans aucunes
Depêches; interrogé ensuite sur le sujet de son voïage, il dit qu'il l'ignoroit,
mais il avoüa qu'il avoit été au Camp
Prussien, & que là comme à *Vienne* on
parloit beaucoup de Paix.

Le raport de ce Courrier jetta d'autant plus d'inquiétude dans l'esprit du

Ma-

Maréchal de *Bell'isle*, que le Duc de *Bro-glio*, son Collégue, lui avoit fait voir u-ne lettre du Roi de *Prusse*, dattée du Camp de *Czaslaw*. Il est à remarquer a-vant d'en donner l'*Extrait*, que le Roi de *Prusse* étoit depuis quelque tems mé-content du Maréchal de *Broglio* pour des raisons que nous ne raporterons point, parce que ce n'est point l'Histoire de ce Héros que nous écrivons. Voici ce que dit la *Lettre* qu'écrivit alors

LE ROI DE PRUSSE

À *M. LE MARÉCHAL DUC DE BROGLIO.* (*)

„ JE suis quitte, Monsieur le Maré-
„ chal, envers mes Alliés; car mes
„ Troupes viennent de remporter u-
„ ne Victoire complette; c'est à vous à
„ en

(*) *Ce Maréchal a été heureux dans ses En-fans: on trouve ses talens militaires dans l'Aîné, qui comme nous l'avons dit, commande aujour-d'hui; le Comte de Broglio, Négociateur & Guer-rier, ne dément point son sang; le Comte de Re-vel, leur Cadet, donnoit les plus grandes espé-rances, lorsqu'il fut tué à la malheureuse affaire de* Rosbach; *& le quatrième, destiné à l'Église, oc-cupe avec Dignité le Siége Episcopal d'*Angoûlême.

„ en profiter inceſſamment, ſans quoi
„ vous en pourrez repondre envers vos
„ Alliés.

     „ Je prie Dieu, Monſieur le Maré-
„ chal , qu'il vous garde.

                          FREDERIC.

Czaslaw ce 18 Mai 1742.

Le Maréchal de *Broglio* en envoiant
cette lettre du Roi de *Pruſſe* au Cardinal
de *Fleuri* (qui avoit encore quelques ſimp-
tômes de vie, & de cet eſprit plus juſte
que lumineux qui guida ſon Miniſtère)
dit dans ſa Lettre, *le Roi de Pruſſe auroit
pû m'écrire en termes plus obligeans, mais
il ne ſait pas le françois.*
Le Maréchal de *Broglio* ſe trompoit
en penſant ainſi, & je ſuis fort étonné
que ce Héros, d'ailleurs ſi pénétrant,
n'ait pas entendu ces mots de FREDERIC,
je ſuis quitte envers mes Alliés; ils n'é-
toient malheureuſement alors que trop
expreſſifs pour la Cauſe commune, &
le Maréchal de Bell'iſle en ſentit bien
toute l'énergie, puiſqu'il ſe rendit lui-
même au Camp du Roi de *Pruſſe* , pour
être éclairci par ce Monarque des bruits

d'une Paix qu'on difoit prefque concluë entre lui & la Reine de *Hongrie.*

Ce voiage differa l'attaque de *Budweis,* & ne fervit point les *François,* parce-qu'on penfa à l'avenir à fe deffendre contre ceux qui pouvoient devenir les Ennemis de leurs Alliés.

Le Maréchal de Bell'ifle qui ne vouloit point fe perfuader que le Roi de *Pruffe* traiteroit fans la *France,* qu'il regardoit comme la Puiffance la plus redoutable entre les Alliés ; lui parla avec une fécurité réelle des faux-bruits qu'on repandoit fur la Paix feparée qu'il alloit faire avec la Reine de *Hongrie.* Le Roi de Pruffe fans quitter fon fang-froid, & toujours en accablant le Général françois de Politeffes & de bontés, lui dit aprés l'avoir entendu ;

Je crois, Monfieur le Maréchal, que le Traité dont vous me parlez, eft à peu-près conclu. J'ai préfcrit des conditions de paix à la Reine de Hongrie ; elle les accepte. Ayant tout ce que je veux je fais la paix, & tout le monde en feroit autant s'il fe trouvoit dans mon cas ; mais fi j'abandonne l'Alliance de l'Empereur, je ne quitte pas pour cela les intérêts de ce Prince ; mais la Reine d'Hongrie m'accordant tout ce que je lui demande, je n'ai plus aucun prétexte de lui faire la Guerre.

Le Maréchal de Bell'isle trouva la reponse du Roi de *Prusse* si positive, qu'il crut qu'il faloit qu'il fît les derniers efforts pour déterminer la Cour de Dresde à faire sortir les *Saxons* de leurs quartiers, & à les employer utilement à quelque diversion, qui pût devenir favorable à la Cause commune; mais le Ministère *Saxon* lui fit entendre, que les debris des Troupes de cette Nation étoient trop foibles, pour qu'on pût leur faire faire la Campagne hors de leur païs; qu'il étoit important qu'elles, le couvrissent, depuis les bruits qui courroient que *Frederic* avoit fait une Paix separée avec la Reine de *Hongrie:* le Maréchal prit ces allégations pour ce qu'elles valoient, & il depêcha sur-le champ un Courier au Maréchal de *Broglio*, pour l'informer des tristes découvertes qu'il avoit faites dans les Cours de *Berlin* & de *Dresde*, & reprit lui-même deux jours après la route de la *Bohème*.

A peine le Maréchal fut-il de retour à l'Armée françoise que le Roi de *Prusse* rendit public le Traité de *Breslaw*, en date du 11 Juin 1742.

I 4

Nous

Nous ne pouvons nous difpenfer d'en extraire les principaux Articles. Les voici.

Les deux Puiffances contractantes a-près avoir invoqué la *Sainte Trinité* (qu'on fait entrer dans tous les Trai-tés qu'on garde, & dans tous ceux qu'on viole), conviennent d'abord :

„ Qu'il y aura entre Elles une Paix
„ inviolable, de même qu'une fincère u-
„ nion & parfaite amitié; qu'elles ne
„ donneront aucun fecours aux Ennemis
„ de l'une & de l'autre, & ne feront
„ avec eux aucune alliance qui puiffe
„ être contraire à cette Paix.

„ Que Sa Majefté la Reine de *Hon-*
„ *grie & de Bohème* céde à perpétuité
„ pour Elle, fes Héritiers & fes Suc-
„ cefleurs, la *haute & Baffe Siléfie* au
„ Roi de *Pruffe* & à fes Succefleurs (à
„ l'exception de quelques Principautés &
„ Seigneuries , qui quoiqu'elles foient
„ enclavées dans la *haute Silèfie* , font par-
„ tie de la Moravie); la ceffion du Châ-
„ teau de *Glatz* , & du Comté de ce nom,
„ avec l'indépendance de la Couronne
„ de Hongrie, eft également faitte au
„ Roi de Pruffe, à charge qu'il renonce-
„ ra à toutes autres prétentions contre
„ la

„ la Maison d'Autriche, & qu'il main-
„ tiendra la Religion Catolique dans
„ toutes les possessions où il les trouvera
„ établies, *in statû quo.*

Article Important.

„ Les Puissances contractantes con-
„ viennent aussi, de comprendre dans ce
„ Traité d'Union & de Paix, *Georges II,*
„ tant comme Roi de la *Grande-Breta-*
„ *gne* qu'en qualité d'Electeur de *Hano-*
„ *vre,* l'Impératrice de *Russie,* le Roi
„ de *Dannemarck,* les *Etats-Généraux* des
„ *Provinces-Unies,* le Roi de *Pologne* com-
„ me Electeur de *Saxe,* & la Maison de
„ *Brunswick-Wolffenbuttel.*
Cet Article, le dernier que je rapor-
terai du Traité de *Breslaw,* annonçoit
bien des Ennemis à la *France.* Quoique
le Maréchal de Bell'isle s'y fût attendû
depuis la derniere Conference qu'il avoit
euë avec le Roi de *Prusse,* il n'en fut
pas moins frappé, parcequ'il sentit combien les forces de la Reine de *Hongrie*
augmentoient par l'abandon d'un Allié
de cette importance.
Le Maréchal de Bell'isle en apprenant
à l'Empereur un Evénement sur lequel

I 5

la

la *France* & la *Bavière* ne s'attendoient guères, eut l'honneur, dit-il, de lui écrire en ces termes.

SIRE!

„ *Pénétré de la plus vive douleur je me*
„ *vois contraint d'informer Votre Majesté,*
„ *que le Roi de Prusse vient de se détacher*
„ *de Notre Alliance en faisant une Paix par-*
„ *ticulière avec la Reine de* Hongrie; *je ne*
„ *puis, Sire, dissimuler à votre Majesté,*
„ *que cet Evénement est d'autant plus fâ-*
„ *cheux pour la Cause commune, qu'il ar-*
„ *rive dans un tems où les secours de ce*
„ *Prince nous devenoient plus nécessaires;*
„ *ma surprise en Vous apprenant cette sin-*
„ *gulière Nouvelle égale ma douleur, & j'y*
„ *succomberois, Sire, si je n'étois soutenû*
„ *par l'espoir de voir les Troupes Françoises*
„ *donner jusqu'à la dernière extrémité des*
„ *marques de leur zèle, de leur attache-*
„ *ment & de leur courage inébranlable*".

La capitale de la *Bavière* & les plus belles Places de cet Electorat, en proïe aux *Autrichiens*; les *Prussiens* & les *Saxons* abandonnant leurs conquêtes, & évacuant la *Moravie* & la *Boheme*, aug-men-

menterent les Inquiétudes des *François*, qui se retirerent dans *Prague*, tandis que *Charles VII*, accablé sous le poids de sa Grandeur alloit chercher un azile dans *Francfort*, cette Ville où il avoit été Couronné avec un éclat qui dût lui rendre ses disgraces plus ameres.

Ce fut dans ces circonstances critiques que le Prince *Charles* arriva le 27 Juin devant *Prague*, avec une Armée de quarante cinq mille hommes, qui fut encore renforcée de dix-huit mille Hongrois, que depuis le Traité de *Breslaw*, *Marie-Therèse* avoit retirés de la Silesie, où ils étoient inutiles.

Voilà donc *Prague*, dans lequel il y avoit 28 mille *François*, une foule énormes de Commis & de ces Sang-suës, qui courent les Armées, pour les affamer & piller l'Officier & le Soldat. Joignez à tout ce monde une populace nombreuse, beaucoup d'étudians, & plus encore de ces fainéans qui mangent la substance du Soldat, pendant qu'il se bat pour eux. Plus il y avoit de monde dans *Prague*, plus on esperoit que cette Capitale de la *Boheme* affamée par cette affluence de bouches, se rendroit aisément. La Reine de *Hongrie*, debarrassée du Roi de

Pruf-

Prusse & de la plus belle de ses Provinces, qu'elle avoit sacrifiée pour recuperer la *Boheme*, sembloit ne plus rien craindre; Déja certaine de rentrer en possession de *Prague*, elle s'étoit fait faire un Habit d'*Amazone*, pour entrer à cheval dans cette capitale. Tous les papiers publics & surtout le vil & méprisable *Evening-Post*, annonçoient périodiquement deux fois la semaine *Prague* pris, & ses defenseurs faits prisonniers. Le Ministère de *Versailles* qui vouloit sauver les tristes restes de l'Armée la plus brillante qu'on ait vû, envoia aux Maréchaux de *Bell'isle* & de *Broglio*, un plein-pouvoir pour traiter de la BOHEME, *à condition toutes fois*, disoit le Ministre de la Guerre, *que sauvant l'honneur des Armes du Roi, vous obtiendrez une Capitulation honorable.*

Le Maréchal de Bell'isle étoit en apparence sous les ordres de Mr. de *Broglio* son ancien, mais il commandoit en effet en Chef, & sa main habile conduisoit tous les ressorts qu'on faisoit jouër dans *Prague*. Ce Général, en consequence des pleins-pouvoirs dont je viens de parler, envoya le Tambour-Major du Regiment du Roi, au Camp du Prin-

ce

ce *Charles*, pour demander une Conférence avec ce Prince ou avec le Comte de
Konigseck.

Le Prince *Charles* estimoit assez le Maréchal de Bell'isle pour desirer de s'en-
trenir avec lui, mais l'étiquette Allemande, que ce Prince affable & bien-
faisant suivoit malgré lui, & quelques
autres motifs qu'il est inutile de detailler
ici, ne lui permettant point d'avoir alors
cette Conference directement avec le
Maréchal de Bell'isle, il écrivit à ce
Général, que le Comte de *Konigseck* seroit le deux Juillet avant midi au Chateau de *Komorzan*, à trois quarts de lieuë
de *Prague*, avec un détachement de deux
Compagnies de Cuirassiers & une de
Grenadiers, & qu'il seroit le maitre de
se rendre de son côté au même endroit
avec une escorte pareille.

Les deux Généraux étant arrivés au
lieu indiqué, après les Politesses ordi-
naires ils entrerent en Conference. Le
Maréchal de Bell'isle exposa ses forces
& ses moiens au Général *Autrichien*; mais
il fit sentir que le Roi de *France* n'ayant
pris les armes que pour disposer les esprits à la Paix, aimoit mieux abandon-
ner *Prague* que de causer la ruine de
cet-

cette Ville & de celle des habitans, qui seroit infaillible, si les François étoient obligés à soutenir un Siege : il finit par dire,
que l'Armée du Roi son maître étoit prête
d'évacuer *Prague*, pourvû qu'on lui permit de se retirer où elle jugeroit à-propos, avec son Artillerie, ses armes &
ses bagages.

Le Comte de *Konigseck*, qui avoit,
ainsi que le Maréchal de Bell'isle des instructions précises, repondit que les of-
fres de rendre *Prague*, étoient très importantes, mais qu'on ne pouvoit les accepter, parce que l'intention expresse
de la Reine sa Souveraine étoit, de ne
capituler avec les *François* qu'en les re-
cevant prisonniers de Guerre. Je
croiois, repliqua le Maréchal de Belle-
isle, trouver plus de facilité; mais puisque votre Maîtresse le veut, nos dispositions sont faites, on repandra du sang,
& le sort des Armes décidera du destin
de *Prague*, & de celui du reste de la *Boheme*. Le Comte de *Konigseck* se retran-
cha sur ce qu'il ne dépendoit pas de lui
de rien changer aux Instructions de sa
Reine, & termina la Conférence en assurant le Maréchal de Bell'isle, que dès
le soir même le Prince *Charles* dépêche-
roit

roit un Courrier à *Vienne*, pour informer Sa Majesté *Hongroise*, de l'objet dont les deux Généraux venoient de traiter.

Le Maréchal de Bell'isle de retour à *Prague* fit rapport à son ancien, du peu de succès de sa Conférence à *Komorzan*, & concerta avec lui les moyens de vendre chèrement leur liberté & celle de leurs Troupes.

La disette commença à se faire sentir dans *Prague* vers le mi-Juillet; & sur la fin du même mois la viande y coûtoit quatre *francs* la livre, & une volaille valoit six *livres*. Le Maréchal de Bell'isle, qui savoit que le ris & le beurre ne pouvoient suffire à la subsistance d'un Soldat exposé à des fatigues continuelles, ordonna qu'on tuât tous les jours une certaine quantité de chevaux.

Les *Hongrois* qui étoient dans l'Armée du Prince *Charles*, auroient crû, dans un cas pareil faire une chère excellente avec un tel mets; mais la repugnance du Soldat François l'engagea à murmurer contre cette proposition. Le Maréchal qui connoissoit le pouvoir de l'exemple, plus expressif que les prières & les menaces, fit servir du cheval sur sa table;

table ; Les Ducs de *Chevreufe* , de *Biron* , de *Luxembourg* & plufieurs autres Seigneurs d'un grand nom , en firent autant , & le Soldat fubjugué ceffa de murmurer , & mangea du cheval avec plaifir. Le Général peut tout , mais il faut qu'il donne l'exemple : *Charles XII* , n'ayant que du pain moifi à faire diftribuer à fon Armée , reçut les plaintes d'un Soldat , qui ayant rompû fon pain , lui fit voir qu'il n'étoit pas mangeable ; Le Roi de *Suede* prit un morceau de ce pain , qu'il mangea , & dit au Soldat , *Ami , ce n'eft pas bon ; mais on peut le manger.* Ces mots firent ceffer les plaintes de la Soldatesque , toujours infolente quand elle croit avoir raifon , & le pain moifi qui ne valoit effectivement rien , fut trouvé très bon , parce que *Charles XII* en avoit mangé.

L'argent manquoit auffi , mais la plûpart des Généraux & Mr. de *Sechelles* , Intendant de l'Armée (place qu'il remplit toujours avec fuccès , & dans laquelle on fouhaite qu'il fût refté pour l'honneur des Finances de France) , envoyèrent leur vaiffelle à la monnoïe , pour qu'on la convertît en pièces d'argent qui puffent foulager l'Officier & le Soldat.

Quand

Quand on refléchit fur la fituation des *François* à *Prague*, on ne peut s'empêcher d'être attendri fur le fort d'une Armée compofée d'Officiers élevés dans le luxe de *Verfailles* ou dans la moleffe de *Paris*, manquans de tout dans un Païs où ils font déteftés, & dont ils ignorent la langue. Les dangers continuels de la vie, ne font rien pour le *François*, la privation des befoins l'inquiéte plus que fa propre feureté. Que faifoient tous ces *François* à *Prague* ? leur converfation ordinaire rouloit fur les fautes du Cardinal de *Fleuri*, qui avoit entraîné toutes celles que les Généraux avoient faites, & fur tout dans la *Bavière* & dans la *Haute - Autriche* : Le François né critique, fe confole de fes maux, en cenfurant la conduite de ceux à qui il les attribuë; telle eft fa manie, il preféré une vaudeville fatirique à des plaintes amères, qui pourroient altérer la confiance du Soldat, & il aime mieux chanter un couplet mordant, que de manquer à l'honneur & à fes devoirs.

Tandis que l'Armée Françoife refléchiffoit fur les Evénemens à-venir, cent piéces de Canon & 36 Mortiers foudroyoient les retranchemens de *Prague*, &

le

le Maréchal de Bell'isle occupé de l'importance de cette Place, dont les détails devenoient tous les jours plus essentiels, faisoit faire des sorties continuelles, qui retardoient de plus en plus les progrès des *Autrichiens*; qui, n'ayant parmi eux aucun bon Ingénieur, ne poussoient que trop lentement leurs travaux. Malgré cela, le Ministère *Autrichien* devenu inflexible, avoit renvoïé le Courier depêché à *Vienne*, avec une reponse précise de la Reine de *Hongrie*, qui déclaroit que constante dans ses premiers sentimens, *Elle ne vouloit absolument pas qu'on capitulât avec les François qu'en les faisant prisonniers de guerre.*

Le Maréchal de Bell'isle instruit de cette reponse, renvoïa, douze jours après qu'il l'eût reçuë, un Trompette au Comte de *Konigseck*, avec une Lettre, par laquelle il informoit ce Général, *que les François évacueroient non-seulement* Prague, *mais toute la* Boheme, c'est-à-dire les Forteresses d'*Egra* & de *Frawenberg*, si on vouloit leur accorder les conditions proposées dans la Conference du *deux*.

Nouveau Courrier depêché à *Vienne* de la part du Comte de *Konigseck*; mais *Marie.-Thérése* toujours inflexible, ne vou-

voulut rien entendre, & les deux Généraux *François*, informés de la dernie-re reponse de la Reine de *Hongrie*, ad-dressèrent une nouvelle Lettre au Com-te *Konigseck*, par laquelle ils lui mande-rent „ *que les Troupes Françoises dont la va-* „ *leur étoit connuë, se croiroient desbono-* „ *rées, si elles étoient assez lâches pour ac-* „ *cepter des conditions aussi injurieuses;* „ *qu'elles périroient plûtôt sur les murs de* „ *Prague en cendre, que de se rendre pri-* „ *sonnières de Guerre;* ils finissoient par di-„ re, *que d'après de pareils sentimens il* „ *ne s'agissoit que de se deffendre & de* „ *laisser au sort des armes la Capitulation* „ *de* Prague *& le fort de la* Bohême.

Tandis que les deux Maréchaux s'ex-pliquoient ainsi avec le Comte de *Konig-seck*, Mr. de Bell'isle poursuivoit sa Né-gociation à *Vienne* par le Canal de Mr. *Vincent*, chargé des affaires de *France* en cette Cour; mais nous ôsons le dire, la Reine étoit ulcerée, & prévenuë de tous côtés contre le Maréchal de Bell'isle, qu'on lui avoit représenté comme l'Arcboutant de cette Guerre; elle pa-roissoit bien moins animée contre les François que contre celui qui les com-mandoit. On a prétendû que le Comte d'*Ulefeld*, qui étoit alors premier Miniſtre de la Cour de *Vienne*, avoit été d'avis d'accepter les conditions propoſées par le Cardinal de *Fleuri* & les Généraux *François*, par cette raiſon, *qu'il eſt toujours important de faire un pont d'or à ſon Ennemi*, mais *Marie-Théréſe* ne voulut rien entendre, & elle continua à ſe plaindre du Maréchal de Bell'isle. Un Ecrivain grand partiſan de la Maiſon d'*Autriche*, prétend même, que dans cette Converſation avec ſon premier Miniſtre, Elle rappella l'Hiſtoire d'une Conſpiration faite pour embraſer *Luxembourg*; Complot que pluſieurs perſonnes ont attribué au Maréchal de Bell'isle: ſi nous n'en avons pas parlé, c'eſt que nous l'avons mis au rang de ces faits exagérés, ſur lesquels il eſt facile de ſurprendre la religion des Souverains.

Quoiqu'il en ſoit, tout eſpoir de Négociation étant perdu, le Maréchal de Bell'isle continua de faire des Sorties.

De toutes les entrepriſes faites pendant ce Siége, la plus célébre dans l'Hiſtoire, ſera ſans contredit celle du 22 Août : pluſieurs Ecrivains n'ont pas balancé de la mettre au rang des batailles, & je ſerois aſſez de cet avis.

Ce

Cé fut à trois heures du soir, lorsque le Grand-Duc de *Toscane*, qui étoit venu joindre son Frère le Prince *Charles* à l'Armée, sortoit de table, qu'on vint lui annoncer qu'il y avoit de grands mouvemens dans *Prague*, qui paroissoient dénoter un projet important de la part des François. Le Grand-Duc monta sur une éminence, d'où il vit un corps assez considérable de troupes assemblées ; il fit marcher en conséquence quelques Regimens d'Infanterie destinés à soutenir les Troupes qui gardoient les Batteries.

A quatre heures le Duc de *Biron*, Lieutenant-Gén^{eral} des Armées, & Colonel du Regiment du Roi, sortit à la tête de douze mille hommes, qui se répandant sur la droite & sur la gauche, fondirent sur les *Autrichiens*, avec la plus grande impétuosité. Les travailleurs & toutes les Troupes de la Tranchée furent culbutés & massacrés : l'attaque des *François* fut si vive, qu'ils pénetrérent jusqu'à la premiere parallèle, renversèrent tout ce qui voulut s'opposer à leur passage, détruisirent les gabions, comblèrent les travaux, prirent des pièces de Canon, des Drapeaux, tuerent 15 cent

K 3   hom-

hommes & en mirent plus de dix mille hors d'état de combattre. Le vieux Général *Monti*, qui commandoit l'Artillerie & le Genie, y fut fait prisonnier.

En un mot, cette Sortie eut tout le succès d'une Bataille qui étonna les *Autrichiens*, dont ce jour ralentit les efforts jusqu'à la fin du Siége, ou pour mieux dire du blocus, car *Prague* ne fut pas assiégée en règle.

Les Maréchaux voioient du haut du rempart cette affaire sanglante, & ils envoyoient de moment à autre leurs aides de Camp porter des ordres relatifs aux divers mouvemens des Troupes *Autrichiennes*.

On ne sauroit dissimuler, toute glorieuse que fût cette journée pour les *François*, qu'elle leur couta cher. Le Duc de *Biron*, le Prince *Frederic de Deux-Ponts*, à peine âgé de 18 ans (Frère de celui qui regne aujourd'hui, & qui sait si bien allier la dignité de son Rang avec les qualités de protecteur des Arts & de l'homme aimable), & le Prince de *Beauveau*, furent blessés. Le Marquis de *Tessé*, premier Ecuïer de la Reine & Colonel du Regiment d'Infanterie de cette Princesse, fut tué à côté de son Lieutenant-Co·

Colonel, qui eut le même fort ; Les Marquis de *Clermont* & de *Molac* Colonels des Regimens d'*Auvergne* & de *Berri*, restèrent sur le champ de Bataille.

Les *Autrichiens* y perdirent plusieurs Officiers de marque.

Le lendemain, le Maréchal de Belle-isle, chargé, comme nous l'avons remarqué ailleurs, de tous les détails du Siége, accorda aux Ennemis une suspension d'hostilités, afin qu'ils eussent le tems d'enterrer leurs morts.

Les succès journaliers que les *François* remportoient, allongeoient le Siége, mais ils n'assuroient point les moïens de se maintenir longtems dans une Place, où tout commençoit à manquer absolument.

Le Maréchal de Bell'isle, offensé avec raison d'un procédé indécent & irrégulier, dont nous parlerons plus bas, que le Cardinal de *Fleuri*, eut rélativement à lui, oublia ses ressentimens personels, & ne vit jamais dans celui qui vouloit le faire passer pour l'Auteur de cette Guerre, que le Ministre-Principal de son Maître ; Rien ne prouve mieux que le Maréchal de Bell'isle fut citoien, que la conduite qu'il tint avec le Cardinal de

Fleu-

Fleuri depuis la fin de *Juillet*, époque de la Lettre foible & singulière que ce Ministre écrivit au Comte de *Konigseck*. Quoique renfermé étroitement dans *Prague*, le Maréchal de Bell'isle eut toujours le secret de faire sortir des confiances qui échapoient à l'ennemi, & qui donnoient au Ministère de *Versailles* des éclaircissemens précis sur sa position : ce fut en conséquence des avis réïterés qu'il addressa au Cardinal de *Fleuri*, qu'on tint de fréquens Conseils à la Cour, pour savoir si on feroit usage d'un avis proposé par le Marquis de *Fenelon*, Ambassadeur à la *Haye*. Ce Ministre envoia un Mémoire fort étendu à *Versailles*, dans lequel il prétendit que le seul moien de sauver les Garnisons de *Prague* & d'*Egra*, étoit d'envoier en *Boheme* l'Armée du Maréchal de *Maillebois*, qui avoit obligé le Roi d'*Angleterre* à rester dans une paisible inaction & à signer un Acte qu'on appella alors une *Neutralité*, mais qui n'en étoit guères que l'ombre, & qui paroissoit d'un même coup contenir l'Electorat de *Hanovre* & la République d'*Hollande*. Le Marquis de *Fenelon* ne cherchant qu'à se rendre utile à son Maître, sans courir les dangers de se compromettre, ne

se

fe diffimula aucun des inconvéniens qui pouvoient faire échouër fon projet ou en balancer le fuccès.

La diftance du Camp occupé par les *François* aux ordres du Maréchal de *Mail-bois*, étoit de deux cent lieuës, & il pouvoit arriver qu'en fuppofant la jonction poffible, les débris de l'Armée du Maréchal de *Bell'ifle* feroient réduits à capituler. Cette premiere réflection en attira vingt autres, fur lefquelles la Cour ne voulut prendre aucun parti, qu'elle n'eût confulté les Généraux les plus experimentés; les Maréchaux de *Puifegur*, de *Noailles* & d'*Asfelt* furent de l'avis du Marquis de *Fenelon*; le Cardinal de *Fleuri* qui n'étoit plus guères d'un âge à avoir un fentiment à lui, penfa comme Mr. *Amelot* Sécrétaire d'Etat au département des Affaires étrangères, & ces deux Miniftres prétendoient que fi l'Armée de *Maillebois* quittoit fa pofition actuelle, il étoit à craindre, que le Royaume pût être envahi par l'*Angleterre* ou par la *Hollande*. Mr. *Amelot* depêcha un Courrier au Marquis de *Fenelon*, pour lui faire part des inquiétudes que la *Grande-Bretagne* & les *Hollandois* donnoient à la *France* relativement au parti ulterieur

K 5

rieur que ces deux Puiſſances pouvoient prendre en voyant le Royaume dégarni. Le Marquis de Fenelon qui connoiſſoit l'eſprit des *Etats-Généraux*, répondit au Miniſtre des Affaires étrangères: *Je ne fais que vous dire de l'Angleterre; parceque je n'ai fuivi cette Négociation que de loin à loin. & autant qu'elle pouvoit avoir de connexité avec la mienne: Mr. de Buſſi, qui a dû fonder l'eſprit du Roi-Electeur, pourroit en dire plus que moi fur cet objet; mais je réponds de la Neutralité des Etats-Généraux, pourvû toutes-fois qu'on ne s'écarte point du fiſtême politique qui les a déterminés à prendre ce parti.*

Cette réponſe de l'Ambaſſadeur du Roi à *la Haye* détermina S. M. à donner ſes ordres un Maréchal de *Maillebois*, de ſe mettre en marche. L'Empereur informé de cette nouvelle diſpoſition de la Cour de *France*, conçut des eſperances flateuſes; il demanda au vieux Cardinal le commandement de cette Armée, qu'il vouloit mener en *Bavière*, ſous le prétexte qu'en délivrant ſon Electorat, il ſauvoit *Prague*, parcequ'il étoit à préſumer que les *Autrichiens* en léveroient le Siège, auſſi-tôt qu'ils verroient l'Armée Auxiliaire s'approcher

des

des rives du *Danube*. Le Cardinal de *Fleu-*
ri répondit entre autres le 19 Août à
Charles VII, ces propres mots :

Conviendroit - il à un Empereur de paroî-
tre à la tête de nos Armées avec tout l'équi-
page que sa Dignité exige ?

La defaitte du principal-Miniſtre n'é-
toit pas ingénieuſe ; d'ailleurs elle s'accordoit peu avec cinq cent mille livres
que la *France* donnoit par mois à cet Empereur, qui n'avoit pas à faire d'autres
dépenſes que celles de ſa maiſon, puiſque le Roi payoit ſes Troupes & même
ſes Aides - de - Camp, que les *Allemans*
appellent *Adjudans*.

J'ignore ce que *Charles VII* répondit
au Cardinal de *Fleuri*, mais je ſais bien
que *Guſtave-Adolphe & Charles XII*, Rois
de *Suède*, auroient repliqué à ce Miniſtre,
que la dignité d'un Empereur ou d'un
Roi qui commandoit les Armées, étoit
l'intelligence de la Guerre, l'amour de
la Diſcipline & la Valeur.

Le Maréchal de *Maillebois* ſe mit en
marche ; mais la route qu'il vouloit faire
tenir à ſon Armée en la portant en *Ba-*
vière, ne prévalut pas, & les ordres de
la Cour le contraignirent de prendre la
route de la *Bohême*.

Le

Le Maréchal de Bell'isle, loin de communiquer ses inquiétudes aux Soldats, les encourageoit par ses bontés; & par l'espoir d'être bientôt dans une position plus douce. La chéreté des denrées augmentoit de jour en jour; une poule coûtoit douze livres, & l'on payoit la moitié de cette somme pour une livre de Beure; Le sel manquoit dans la Place, & les assiegés, pour ménager leur poudre qui alloit manquer aussi, étoient forcés de ralentir leur feû; malgré cela, leur bonne contenance fut toujours la même, & les Ennemis qui avoient fait une bréche au Bastion de *Strohof*, ne purent jamais parvenir à pénétrer dans la Ville.

Le Grand Duc de *Toscane* & le Prince *Charles* son Frère, instruits dès les premiers jours de Septembre, de la marche de l'Armée de *Maillebois*, que le peuple de Paris, qui mêle toujours le plaisant aux choses les plus sérieuses, appelloient l'Armée des *Trinitaires* (Réligieux dont l'Institut est de racheter les *Captifs*); ces Princes informés, disois-je, de l'approche d'une Armée auxiliaire, commencèrent à se repentir d'avoir negligé les propositions du Maréchal de Bel-

Bell'isle, & ils demandèrent à leur tour une Conference à ce Général : mais celui-ci, qui n'ignoroit point les mouvemens de l'Armée qui venoit à son secours, repondit *qu'il n'étoit plus tems de traiter*, *& que les François indignés des conditions honteuses qu'on leur avoit proposées, ne vouloient point entendre parler de Capitulation*; il ajouta même que *la Cour lui avoit retiré ses Pouvoirs de traiter*.

Il est du devoir d'un Historien de justifier celui dont il écrit la Vie. La *Hollande* & l'*Angleterre* qui fourmilloient d'Ecrivains guidés par la passion, virent éclore quantité de productions rélatives aux Evénémens qui agitoient l'Europe; *Paris* même vit sortir de ses presses, autrefois trop licentieuses, une foule d'Ecrits qui condamnoient la conduite du Maréchal de Bell'isle, sur le réfus qu'il avoit fait de Capituler au mois de Septembre avec l'Armée *Autrichienne*; & l'Envie, toujours acharnée à persécuter les grands hommes, prétendit qu'il avoit voulu sacrifier les *François* dans la seule vuë de se vanger du Cardinal de *Fleuri*, qui s'étoit déclaré contre lui dans ses Négociations avec le Comte de *Königseck*, Fait dont j'ai promis de dire un mot,

par-

parcequ'en taisant la chose, je semble-rois l'avouër, & condamner par-là le Maréchal de Bell'isle.

Le Cardinal de *Fleuri* voiant que la Reine de *Hongrie* ne vouloit point capi-tuler sans qu'Elle ne prît les *François* pri-soniers de Guerre, réïtera ses instances; mais *Marie-Thérèse* qui s'imaginoit alors, que ce Principal-Ministre étoit le seul Au-teur de cette Guerre, ne voulut point entendre parler de lui. Le Cardinal par-venu à un âge où la foiblesse n'est plus un deffaut de l'esprit, mais un malheur nécessairement attaché à la Nature hu-maine, lia une correspondance avec le Comte de *Konigseck*, & dans une Let-tre dattée du 11 Juillet il lui marquoit en termes précis: „ *Bien des gens savent* „ *combien j'ai été opposé aux résolutions* „ *que nous avons prises, & que j'ai été en* „ *quelque façon forcé d'y consentir. Votre* „ *Excellence est trop instruite de tout ce* „ *qui se passe, pour ne pas deviner* celui „ qui mit tout en œuvre pour détermi-„ ner le Roi *à entrer dans une ligue si* „ *contraire à mon goût & à mes princi-* „ *pes*”.

Ce qu'il y a de singulier, c'est que ce fut le Maréchal de Bell'isle qui remit lui-

mê-

même cette lettre au Comte de *Konig-seck* au Camp devant *Prague*. Ce Général l'envoya à sa Souveraine, qui pour toute reponse la rendit publique; & les Emissaires du Maréchal de Bell'isle, qui en tenoit répandus dans toute l'Europe, lui en firent parvenir un des premiers exemplaires imprimés. Le Cardinal de *Fleuri* qui avoit fait une faute en écrivant cette lettre au Général *Autrichien*, en commit une autre en lui adressant une seconde lettre, dans laquelle reprochant au Comte de *Konigseck* l'indiscrétion qu'on avoit eüe en faisant imprimer la première qu'il lui avoit écrite, il finissoit par ces mots, *au surplus j'aime mieux avoir reçu cette leçon que de l'avoir donnée:* après quoi il fit inserer dans les gazettes un désaveu de ces deux lettres, & ce fut la troisième démarche fausse qu'il fit dans cette affaire.

C'*est donc*, disoient du Maréchal de Bell'isle les Ecrivains polémiques de ce tems-là, *pour se vanger du Cardinal de Fleuri qui l'abandonna, qu'il vient de refuser une capitulation qu'il a sollicitée lui-même!* c'est ainsi que raisonne l'ignorance qui veut prendre le masque de la Politique. Etoit-il probable que le Maréchal de Belle-isle ifle, qui avoit jetté par fon courage actif, ferme & perfévérant le découragement dans l'Armée *Autrichienne*, auroit pû confentir à évacuer la *Bohème*, dans le tems qu'une Armée brillante & fraiche venoit à fon fecours? d'ailleurs ceux qui l'ont approchés de plus-près, lorfqu'il fut queftion de la premiere lettre du Cardinal de *Fleuri*, viennent de m'affurer qu'il ne lui échappa jamais rien contre ce Miniftre, & que les feules paroles qui fortirent de fa bouche à-propos de cette affaire, furent celles-ci: *Il eft bien pardonnable de manquer de memoire à 89 ans.*

Telle fut cette prétenduë difcuffion, fur laquelle on a beaucoup écrit, & que l'intérêt de la vérité a voulû que je reftraigniffe à fes véritables circonftances. Revenons au Maréchal de *Maillebois*, dont la conduite ne fut pas à-l'abri de cette cenfure, qui prend plaifir à condamner prefque toutes les demarches de ceux qui font à la tête des Armées.

l'Armée Auxiliaire arriva donc dans les premiers jours de Septembre fur les frontières de la *Bohême*. M. de *Broglio* fortit de *Prague* avec un corps de dix à douze mille hommes, pour aller donner la main à Mr. de *Maillebois*. Le Comte *Maurice de Saxe* qui promettoit déjà ce que nous lui avons vû exécuter deux années après, avoit bravé le Comte de *Kevenhuller*, qui le tenoit enfermé avec ſes Troupes, & s'étoit avancé par une Marche ſavante aux frontières de la *Bohème*; mais par une de ces *fatalités* qu'on condamna inhumainement comme une grande faute, le Marèchal de *Maillebois* vit la Terre-promiſe, mais il n'y put pénétrer, & après une marche penible de deux cent lieuës, ſon Armée n'opéra rien, & le Commandement en fut donné à M. de *Broglio*.

Fut-ce la faute du Général, oû des circonſtances, ou de la ſituation du Païs? ſoyons vrais; le Marèchal de *Maillebois*, contre lequel on a tant déclamé, n'eut aucun tort, ſi on réfléchit que le Cardinal de *Fleuri*, toujours timide, lui avoit écrit deux lettres conſécutives, dont le refrein étoit, *d'avoir bien ſoin de ne point commettre l'honneur des armes du Roi, & de ne pas engager d'Affaire dont le ſuccés puiſſe être douteux.*

Sans vouloir fronder perpétuellement les demarches du Cardinal de *Fleuri*, je ne puis diſſimuler que cette inſtruction

L

étoit

étoit aussi neuve que mal fondée. Quelle est la Bataille dont un Général qui n'est ni fanfaron ni étourdi pourra repondre? On dit à un Soldat prêt à charger l'Ennemi ou à le recevoir, *Enfans, nous sommes sûrs de vaincre*; mais celui qui cherche, par ces mots, à inspirer de la Confiance à ses Troupes, est bien éloigné d'avoir cette sécurité qui répond du gain d'une Bataille: depuis qu'on a vû 70 mille hommes vaincûs par dix, malgré l'avantage de la position des premiers, doit-on compter sur des *Affaires dont le succés ne puisse pas être douteux?*

On voit donc par ces Lettres du Principal-Ministre, que le Maréchal de *Maillebois* avoit les mains liées, & que la fatalité des Evénémens subséquens qu'on a voulu lui imputer, étoient moins sa faute que celle de celui qui lui avoit donné ses instructions. Il est vrai que livrer une Bataille dans la situation où l'Armée Auxiliaire se trouvoit, c'étoit risquer d'autant plus, qu'en la perdant il n'y avoit aucune retraite assurée; mais le Maréchal de *Maillebois* avoit contre lui un terrain escarpé & montagneux, qu'on ne peut traverser que par des gorges, où trente hommes peuvent en arrêter

rêter deux mille ; d'ailleurs le païs où cette nouvelle Armée arrivoit, étoit depuis long-tems épuisé par les *Bavarois*, les *François* & les *Autrichiens*. Comment y subsister ? tout fut pesé, tout fut examiné ; le Comte aujourd'hui Maréchal *d'Estrées*, opina un des premiers (dans un grand Conseil de Guerre qui fut tenû à ce sujet), & ce Héros dit: *il n'y a selon moi que deux partis à prendre ; se battre ou ne pas aller plus loin.* Divers avis suivirent celui-ci ; mais enfin après avoir combattu celui de Mr. *d'Estrées*, on porta les choses plus loin que lui, puisque la pluralité des suffrages décida, qu'on tâcheroit de tenter quelque chose en *Bavière*, & on retrogada.

La Cour mécontente du Maréchal de *Maillebois*, lui ôta le Commandement de l'Armée, qui fut donné à M. de *Broglio*, comme au plus ancien disoit la lettre de Consolation du Cardinal : mais le Public, qui ne pardonne pas plus aux personnes en place les fautes qu'on a voulu parer, que celles qu'on fait, en pensa tout differemment ; & le Vaudeville malin, pâture ordinaire du citoien oisif, suivit le retour du Maréchal de *Maille-*

bois,

bois, qui n'étoit cependant coupable que parceque son avis n'avoit pas été adopté.

Retourmons maintenant à *Prague*, dont les *Autrichiens* avoient levé le Siège le huit Septembre, en consequence des ordres reçûs de la Reine de *Hongrie*, qui vouloit absolument que l'on suivît le Plan d'opérations qu'avoit proposé le Comte de *Kevenhuller*, aussitôt qu'il avoit été informé de la marche de l'Armée de *Maillebois*.

Les *Autrichiens* n'eurent pas plutôt quitté les environs de *Prague*, que M. de *Bell'isle* en fit ouvrir les portes & fit battre l'estrade. Les divers détachemens qu'il fit sortir, éclipsèrent le Régimens *Autrichiens* que le Grand Duc avoit laissés aux environs de cette Ville, sous le prétexte qu'il reviendroient dans peu continuer à la battre.

La Levée du Siège de *Prague* par l'Armée *Autrichienne*, avoit ouvert pendant quelque tems une communication, dont le Maréchal de Bell'isle avoit profité, pour faire entrer des vivres dans cette Ville; mais le Prince de *Lobkowitz* vint de nouveau la resserrer avec un corps de 20 mille hommes.   Ce

Ce nouvel Evénement augmenta la misère & les maladies, qui devinrent plus considérables encore par la rigueur d'un hiver presque aussi cruel que celui de 1740 ; le Soldat accablé par le froid, & extenué par la faim, & plus malheureux encore par les maux que son imagination lui faisoit voir dans l'avenir, commençoit à se désesperer, parcequ'il crut passer l'hiver dans cette Ville infortunée : mais quels que fussent les maux & les plaintes du Soldat, le Maréchal de Bell'isle sçût le contenir par la sagesse de ses Réglemens & la force de l'exemple.

On en étoit là lorsque le Marèchal de Bell'isle reçût des ordres précis de la Cour d'évacuer *Prague*, & de sauver autant qu'il le pourroit les débris de sa Garnison.

Cette Nouvelle auroit pû ranimer le Soldat, mais le Maréchal de Bell'isle en le rendant public, n'auroit pû empêcher qu'il ne parvint aux *Autrichiens*, & déslors il perdoit tout espoir de leur échaper ; que fit-il ? ce que sa sagesse lui inspira : de nouvelles dispositions auxquelles il faisoit travailler avec beacoup de vivacité, persuaderent au Prince de

Lobkowitz, que le projet du Marèchal étoit de paſſer l'hiver à *Prague*. Le Général *Autrichien* perſuadé par les préparatifs factices du Marèchal, prit le parti de faire prendre à ſon Armée des quartiers moins devaſtés que les Environs de *Prague*, où elle ne pouvoit ſe ſoutenir, & voiant que la ſaiſon étoit trop avancée & trop rude pour que l'Armée françoiſe, qui avoit connu tous les beſoins & eſſuyé toutes les fatigues, pût rien entreprendre, le Prince de *Lobkowitz* dis-je, ſe retira au-delà de la *Moldau*, ſur laquelle ce Général avoit établi pluſieurs ponts de communication, qui pouvoient dans peu de tems le ramener à ſa premiere poſition, en cas que les *François* euſſent voulu faire la moindre tentative.

Ces ponts étoient réellement un grand obſtacle au projet du Marèchal de Bell'-iſle, mais les gêlées lui furent favorables, & les amas conſiderables de glace que la *Moldau* rouloit continuellement, faiſant craindre au Prince de *Lobkowitz* que ſes ponts ne fuſſent emportés, il ſe détermina à les enlever,

Le Marèchal de Bell'iſle ayant fait toutes les diſpoſitions rélatives à ſa Sortie, ne ne voulut point qu'à l'entrée de la nuit du 16 Decembre on fermât les portes ; il permit qu'on laiſſât entrer tout le mon-de, mais il deffendit ſous peine de la vie que qui que ce fût, ſortît.

Ce Général, dont la prévoiance inceſ-ſamment attentive avoit veillé ſur tous les objets, qui pouvoient faire réuſſir le projet le plus extraordinaire que l'Hiſ-toire militaire des Anciens & des Mo-dernes pût fournir, prit ſes derniers ar-rangemens avec Mr. de *Chevert*, qu'il laiſſoit dans *Prague* avec 3000 hommes, y compris les malades, qui en formoient le tiers.

Le Marèchal de Bell'iſle qui avoit un tableau fidelle des citoiens de *Prague* les plus aiſés & les plus affectionnés au ſer-vice de la Reine de *Hongrie*, imagina, que pour faciliter une Capitulation hono-rable à Mr. de *Chevert*, il étoit eſſentiel qu'il prît 40 ôtages dans les trois Ordres de l'Etat. Les Officiers de l'Etat Major de la ville les allerent prier l'un après l'autre, de venir au Palais du Marèchal de Bell'iſle ; & comme les diſcours li-centieux qu'ils tenoient ſur la *France*, les avoient accoutumés à ces ſortes de viſites, ils crurent qu'ils alloient eſ-

L 4

ſuïer

fuïer une reprimande, & dans cette idée fe rendirent chez le Général *Fran-çois*. Quand tous ces ôtages furent raf-femblés, le Maréchal, qui avoit annon-cé dans la journée, qu'il alloit fourager à l'aide du clair de Lune qu'il faifoit a-lors, tous les villages fitués aux Envi-rons de *Konigsal*, fortit par la porte *Caroline*, fous le prétexte de remplir le projet divulgué, mais en effet pour fe ren-dre à *Egra*.

Ce fut la nuit du 16 au 17 du même mois de Decembre qu'il exécuta cette En-treprife périlleufe à·travers les glaces & les neiges, & par des chemins tortueux & peu pratiqués, que le Maréchal avoit pris exprès pour dérober fa Marche au Prince de *Lobkowitz*. Les 14 mille hom-mes que le Maréchal de Bell'ifle condui-foit, ne formoient qu'une feule Colon-ne, qui marchoit dans un ordre ferré, pour affurer les bagages & l'artillerie: Ce Chef qui vouloit tout voir par lui-mê-me, ne monta point en Caroffe, & tout malade qu'il étoit, il fe mit fur un trai-neau, & conduifit l'Armée par des defi-lés affreux; il paffa par *Lauditz*, *Deif-fing*, *Petfchau*, *Konigswerth* & *Cauderbach*. C'eft ainfi que les jours extrêmement
courts

courts de la plus rude ſaiſon furent employés à marcher, & les nuits à chercher quelque répos au milieu de la faim,
de la glace & des neiges.

Après dix jours de cette Marche, que
je ne puis caractériſer par aucun mot
aſſez expreſſif, que le Maréchal de
Bell'isle arriva à *Egra*, ſans avoir jamais été entamé par le Prince de *Lobkowitz*.

Nous faiſons ici beaucoup de détails
de cette Action plus mémorable qu'une
Bataille, mais nous croions ne pouvoir mieux circonſtancier cette importante Sortie qu'en faiſant uſage d'une
Lettre, qui appartient néceſſairement à
cette Hiſtoire, & qui eſt écrite par le Maréchal de *Bell'iſle* lui-même, au Maréchal de *Seckendorff*, alors commandant en
Chef les Troupes de l'Empereur *Charles
VII.*

„ *Egra le 27 Decembre* 1742.

„ *M. de* Broglio *m'a remis, Monſieur,*
„ *le Commandement de l'Armée de* Bohe-
„ me *le 27 Octobre, n'ayant à faire alors*
„ *qu'à* 3 *ou* 4 *mille* Houſſards, Croates *ou*
„ Pandoures: *mais je n'ai pas goûté long-*
„ *tems cette liberté; puisque le Prince de*

L 5   „ Lob-

„ Lobkowitz, *est arrivé à-portée de Pra-*
„ *gue le deux Novembre, avec huit mille*
„ *chevaux & douze mille hommes d'Infan-*
„ *terie.   J'ai été obligé par-là d'abandon-*
„ *ner ma communication avec la Saxe & de*
„ *replier tous mes quartiers.   J'avois mis à*
„ *profit les jours de liberté, pour remonter*
„ *près de deux mille Cavaliers, Dragons ou*
„ *Huſſards dans ce petit eſpace de tems ; Ce*
„ *qui m'a mis en état de tenir la Campagne,*
„ *de faire des fourages, d'amaſſer des ſub-*
„ *ſiſtances, & de me former des attelages*
„ *d'Artillerie & des Caiſſons pour les vi-*
„ *vres.   L'ordre du Roi étoit que je profi-*
„ *taſſe de la premiere diverſion que feroit*
„ *Mr. de Broglio en ma faveur, auſſitôt*
„ *qu'il auroit pris le Commandement de l'Ar-*
„ *mée du Danube, pour ramener ici l'Ar-*
„ *mée de Prague ; j'ai donc travaillé à me*
„ *mettre en état de pouvoir marcher d'un*
„ *moment à l'autre, afin que ſi par des*
„ *contretems cette Retraite devenoit impoſ-*
„ *ſible, je puſſe faire ſubſiſter toute l'Ar-*
„ *mée dans Prague juſqu'au printems, pour*
„ *que la Cour eût le tems de nous dégager,*
„ *ſoit par la voie de la Negociation, ſoit*
„ *par quelques coups d'éclat frappés par nos*
„ *Armées.   Cependant tout le mois de No-*
„ *vembre s'eſt paſſé dans l'incertitude, &*
„ *j'ai*

,, j'ai enfin reçu deux ordres consécutifs de
,, ramener l'Armée du Roi. Imaginez-
,, vous, Monsieur, ce que c'est que de fai-
,, re sortir une Armée d'une Ville assiégée,
,, aussi immense que Prague, avec cinq ou
,, six mille chevaux d'équipages, des Cais-
,, sons & du pain pour douze jours, trente
,, pièces de canon, tout l'attirail, toute la
,, poudre, les balles & les outils &c; & tout
,, cela en présence d'autant d'espions sur mes
,, demarches que d'habitans! Le Prince
,, Lobkowitz méditoit contre nous deux
,, projets également funestes, de nous affa-
,, mer d'une part, & de nous empêcher de
,, l'autre de rejoindre nos autres Armées; &
,, ce qu'il y a de pis, me trouvant actuelle-
,, meut perclus par mon Rumatisme, qui me
,, réduit à l'impossibilité physique de pouvoir
,, monter à cheval: J'ai mis en œuvre tou-
,, tes les ruses, industries & précautions,
,, dont j'ai pû être capable, & je suis parvenû
,, à sortir de Prague, comme si j'allois fai-
,, re une Expédition. J'ai dérobé 24 heu-
,, res pleines au Prince de Lobkowitz, qui
,, n'étoit qu'à cinq lieuës de moi; j'ai percé
,, ses quartiers, & j'ai traversé dix lieuës
,, de plaine, ayant à traîner tous les haras
,, dont je viens de vous parler, avec onze
,, mille hommes de pied & trois mille 250
,, che-

,, chevaux délabrés. Mr. de Lobkowitz a-
,, yant, comme j'ai eu l'honneur de vous le dire
,, plus haut, huit bons mille chevaux & douze
,, mille hommes d'Infanterie. J'ai d'abord
,, fait une telle diligence que je suis arrivé
,, aux défilés, avant qu'il eut pû m'attein-
,, dre, & ce qui a achevé le succès de l'entre-
,, prise, est, que je lui ai caché le chemin que
,, j'avois resolû de prendre ; car en effet,
,, il avoit fait couper tous les défilés & rom-
,, pre tous les Ponts qui se trouvent sur les
,, deux grands chemins qui conduisent de Pra-
,, gue en cette Ville, dont l'un va passer la
,, Riviere d'Egra à Carlsbad, & de-là à
,, Ellenbogen, & l'autre plus à gauche va
,, par Rakonitz, tomber du côté de Pilsen,
,, & de-là sur Egra. Mes deux premieres
,, marches ont parû prendre ce second che-
,, min, mais j'en ai pris un qui perce entre
,, les deux autres, où je n'ai trouvé que les
,, obstacles de la Nature ; & je suis enfin
,, arrivé hier le dixieme jour sans échec ;
,, Quoique j'aye été continuellement harcelé
,, de Houssards en tête, en queuë & sur mes
,, mes flancs, je n'ai perdû que ce qui n'a
,, pû supporter la fatigue & la rigueur
,, inexprimable du froid, qui ont été l'une
,, & l'autre au-delà de toutes expressions ;
,, je crois même qu'il n'y a jamais eu d'exem-
,, ple

„ ple qu'une *Armée Françoise* eût essuïé rien
„ de pareil.

„ Je compte qu'à-vuë de-païs il y a péri
„ 7 ou 8 cent hommes morts dans les Nei-
„ ges, ou restés faute de pouvoir suivre ; &
„ depuis hier on en a porté à l'Hôpital près
„ de 500, dont les pieds & les membres sont
„ gêlés. Il a falû marcher presque autant
„ de nuit que de jour ; & comme le froid &
„ la fatigue ont été communs, les Officiers-
„ Generaux n'ont pas été plus épargnés que
„ les autres : Les plus heureux sont ceux qui
„ en sont quittes pour de gros Rhumes ; je
„ suis de ce nombre, avec la fièvre qui m'a
„ pris au milieu de notre Course : ce qui joint
„ à mes autres infirmités & à l'état d'épui-
„ sement excessif où je suis de longue main,
„ m'a mis totalement à bout.

„ Le Courage de l'esprit a poussé ma ma-
„ chine au-delà de ses forces, mais je me trou-
„ ve bien recompensé par le succès d'une En-
„ treprise la plus difficile & la plus péril-
„ leuse, & vû toutes les circonstances la
„ plus importante pour le service du Roi &
„ pour le bien de la Cause-commune. Je n'ai
„ été entamé nulle part : je n'ai laissé que
„ ce qui est mort & n'a pû suivre. J'ai brû-
„ lé les Voitures des Vivres ou des Munitions
„ à-mesure qu'elles ont brisé, en faisant di-
„ stribuer

„ ſtribuer les charges ; mais j'ai amené en
„ bon ordre mes 30 pièces de canon, qui
„ ſont ici, ainſi que tous les Corps de l'Ar-
„ mée.   Je les laiſſe repoſer pendant quel-
„ ques jours, après quoi je vais m'allonger
„ dans le Palatinat, où j'attendrai les or-
„ dres du Roi, en reponſe du Courrier que
„ j'ai dépêché à Verſailles, pour informer
„ Sa Majeſté des details de ma Marche &
„ de mon arrivée ici.

„ Je dois vous ajouter, que pour aſſurer
„ le ſecret de mon départ, faciliter ma pre-
„ miere Marche, & pourvoir en même tems
„ à la conſervation d'un fort grand nombre
„ de malades, qui étoient à Prague dans
„ nos Hôpitaux, j'y ai laiſſé une garniſon
„ compoſée en Officiers & Soldats, de tout
„ ce qu'il y avoit de convaleſcens, de malin-
„ gres & d'infirmes, qui n'auroient pû ſup-
„ porter la fatigue de la marche, avec In-
„ ſtruction à celui que j'ai laiſſé pour y com-
„ mander, ſur ce qu'il devoit faire pour obte-
„ nir la meilleure Capitulation qui lui ſeroit
„ poſſible, huit ou dix jours après mon dé-
„ part : C'eſt ce qui a été exécuté, & j'ap-
„ prens par un Officier qu'il vient de me dé-
„ pêcher, qu'il a capitulé hier, qu'il a ob-
„ tenu tous les honneurs de la Guerre, &
„ qu'il ſera conduit ici avec tout ce qui pour-
„ ra

„ ra être en état de marcher, aux frais de
„ la Reine de Hongrie jusques en cette
„ Place.
„ „ Vous connoissez, Monsieur, les senti-
„ mens d'estime & le parfait attachement
„ avec lequel j'ai l'honneur d'être, Mon-
„ sieur, Votre très humble & très obéissant
„ Serviteur,

LE MARÉCHAL DUC DE BELL'ISLE.

Cette Lettre vraie, modeste, & très
exactement circonstanciée, est la meilleure Histoire qu'on puisse donner de la fameuse Sortie de *Prague*. Elle servira tout-
à-la-fois à éclaircir le Fait aux Lecteurs,
& à refuter tous les mensonges imprimés sur cette importante affaire.

Le Prince de *Lobkowitz* voiant qu'il
n'avoit pû entamer le Maréchal de Bell'isle, revint devant *Prague* avec son Armée, pour y sommer Mr. de *Chevert*;
mais ce brave Officier repondit, **qu'il**
pensoit ainsi que ceux qui l'avoient pré-
cedé dans le Commandement de cette
Place, & qu'il se defendroit jusqu'au
dernier instant, à-moins qu'on ne lui
accordât des conditions honorables. Le
Prin-

Prince de *Lobkowitz* murmura, mais l'empreſſement qu'il avoit de délivrer *Prague*, l'engagea à accorder ce que Mr. de *Chevert* démandoit, & par une inconféquence qui n'eſt pas la ſeule de cette Campagne, les *Autrichiens* au nombre de vingt mille hommes accorderent le 26 Decembre, à quatre mille *François*, les mêmes conditions qu'ils avoient refuſées ſix mois auparavant à une Armée de 27 mille combattans. Cette Capitulation, qui ne fait honneur qu'aux *François* ne fut violée que dans ſon premier Article : Il portoit qu'aucun des habitans ne ſeroit inquiété pour avoir ſervi les *François* ou les *Imperiaux*, parce qu'ils y avoient été forcés ; cependant la Reine de *Hongrie* établit une Commiſſion, qui preſſura tous ceux qui avoient été attachés au parti Impérial. Les 40 ôtages que le Maréchal de Bell'isle avoit amenés avec lui pour ſeureté de la Capitulation à faire avec Mr. de *Chevert*, furent renvoyés d'*Egra* à *Prague*, à la reſerve du Recteur du Collége des Jeſuites, qui mourut de froid durant la Retraite.

Ainſi finit le Siége de *Prague*, bien plus

fameux que celui de *Nancy* (*), entre-
pris dans le quinzieme Siécle par *Charles
le Hardi*, dernier Duc de *Bourgogne*, &
que celui de *Paris* (†), fait par *Henri
IV* (que tous les Hiftoriens François &
Etrangers ont mis au rang des Evénemens
Célébres.) Tandis que l'Europe étonnée
admiroit la belle Retraite du Maréchal
de Bell'isle, plus heureufement exécutée,
que celle des dix mille que la plume de *Xe-
nophon* a immortalifée, tandis que l'*Autriche* & les autres Ennemis de la *France*,
prodiguoient de juftes éloges au héros
de *Prague*, le peuple Calotin de *Paris*,
paioit les fervices du Maréchal de
Bell'isle par des Vaudevilles ; on porta
même l'audace jufqu'à afficher à la porte de fon Hôtel cette Chanfon :

,, *Quand*

(*) On y mangea les Chiens, les Chevaux,
les Rats &c ; & lorfque *René II* y entra, les
habitans lui éleverent un Arc de Triomphe formé des os de tous les Animaux qu'on avoit mangé pendant le Siége.

(†) Quand toutes les fubfiftances manquè-
rent dans cette Ville, on y fit du Pain avec les
offemens des morts : ce qui a fait dire au célébre *Patru*, *qu'on y mangea pour vivre ce qu'on
mangeroit dans un autre tems pour mourir.*

M

„ *Quand Bell'ifle fortit*
„ *De Prague la nuit*
„ *A petit bruit,*
„ *Il dit à la Lune,*
„ *Aftre de mes jours,*
„ *Compagne de ma fortune*
„ *Soutenez-moi toujours.*

Nous avons raporté ce couplet, uniquement pour faire connoître la legéreté d'un peuple indifcret & frivole, qui chante du même ton les vainqueurs & les vaincûs. Mr. de *Voltaire* connoiffoit bien cette nation, lorfqu'il a dit dans une de fes Epitres à la fameufe Marquife du *Chatelet* :

Un bon couplet chez ce peuple falot,
De tout merite eft l'infaillible lot.

Le Maréchal de Bell'isle toujours malade, mais un peu remis de fes fatigues, conduifit lui-même fon Armée jufqu'à *Bamberg*, & de-là il prit la pofte pour fe rendre à *Francfort*, où l'Empereur qui l'avoit déja déclaré *Prince du St. Empire*, le décora de l'Ordre de la *Toifon d'Or*.

Le Maréchal, après avoir conferé pen-

pendant plusieurs jours avec *Charles VII*, reçût un Courier de *Versailles*, qui lui permettoit de venir travailler à *Paris* au rétablissement de sa santé ; Il partit de *Francfort* pour se rendre auprès du Roi, qui, malgré tout ce qu'on en a écrit, le reçut avec de grandes distinctions.

Le Cardinal venoit de mourir après avoir vécû deux ans de trop. Cet Événement épargna au Maréchal de Belle-isle de tristes explications, qu'il n'auroit pû s'empêcher d'avoir avec le Principal-Ministre.

Le Maréchal en *France* partagea ses momens entre les Affaires de l'Etat, auxquelles il s'appliquoit toujours, & les soins qu'il devoit à sa santé, que les bains chauds de *Plombiere* rétablirent un peu.

La Retraite de *Prague* toute glorieuse qu'elle fut pour les armes du Roi Très-Chrétien, n'étoit qu'un de ces Evénemens isolés, qui n'influant pas sur les rapports généraux, ne changent point la face des affaires. La Guerre, loin d'être terminée par-là, devint plus violente encore, parce que d'autres Puissances y prirent part ; & la *France*, qui jusques-là avoit porté ce fléau dans le sein de la

Hau-

Haute-Autriche & de la *Boheme*, vit en 1743. le Prince *Charles* ménacer l'*Alsace*, la *Lorraine* & les *Evêchés*, dans lesquels un brigand privilegié nommé *Mentzel*, étoit parvenû à faire répandre des libelles injurieux, qu'il avoit l'infolence de traiter de *Manifeftes*: comme s'il étoit permis à des particuliers d'ufurper les prérogatives de l'Autorité Souveraine, en publiant de pareils Ecrits, dont il eft bien à préfumer que la Cour de *Vienne* n'avoit aucune connoiffance, parceque fon Augufte Souveraine fe refpecte trop pour ne pas menager les autres Souverains. Auffi difons-nous, que la Poftérité ne doit regarder les prétendûs Manifeftes de *Mentzel*, que comme les exhalaifons de l'ivreffe d'un homme, qui n'étoit courageux que lorfqu'il étoit épris de vin. Ce Partifan fils d'un barbier de *Leipfig*, étoit parvenû par fes fanfaronades fuivies de quelques coups heureux, à devenir Colonel d'un Corps de 1200 hommes, auxquels il infpira ce brigandage & cette férocité qui le rendoient célébre : ce fanfaron fortant de dîner chez le Général *Berencklau*, où il avoit avalé double dofe de courage, alla affronter les *François* dans un de leurs poftes;

tes ; un Tambour qui le reconnût, prit un fusil, & débarrassa la terre d'un fougueux, qui l'avoit désolée par ses cruautés. Reprenons le fil des Affaires générales.

La *France* (qui ne voioit pas sans inquiétude la Reine de *Hongrie* fortifier son parti par l'*Angleterre*, & chercher encore à ébranler les *Etats-Généraux*), balança les Alliances de *Marie-Thérése* par l'*Union de Francfort*, qu'on peut regarder encore comme l'ouvrage du Maréchal de Belleisle, qui après en avoir donné l'idée y mit la derniere main.

Je n'entrerai dans les suites de cette Guerre que relativement à la part que le Maréchal de Bell'isle a pû y avoir ; ainsi je ne parlerai ni de la malheureuse affaire de *Dettingen* ni du passage du *Rhin* par l'Armée *Autrichienne* aux ordres du Prince *Charles* : Evénement mémorable, qui opéra une diversion dont les suites auroient pû devenir favorables à la Maison d'*Autriche*, si la *France* n'avoit eu un Maréchal de *Saxe* à la tête de ses Armées en *Flandre*.

On ne peut parler du Passage du *Rhin*, sans se rappeller un Evénement qui arracha des larmes à toute la *France*. Louïs

XV. quitta ſes Conquêtes en *Flandre*, pour aller ſur le *Rhin*, s'oppoſer aux progrès du Prince *Charles*, dont il eſtimoit aſſez les talens Militaires pour vouloir lui diſputer lui-même la palme de la Victoire. Les fatigues de la Campagne & d'une Marche pénible dans la ſaiſon la plus chaude de l'année , obligèrent le Roi à ſe repoſer à *Metz*: c'eſt dans cette Ville que ce Monarque tomba dangereuſement malade , & mit tous les *François* dans des allarmes , dont on ne trouve point d'exemples chez aucune Nation.   Le Maréchal de Bell'iſle qui voioit tout l'Etat dans ſon maître , mourant dans ſon propre Palais , ne le quitta point ; & graces à la force du tempérament du Roi , & à la ſageſſe des Medecins , une promte convaleſcence ſuivit de près le danger , & rendit l'eſpoir à la *France* éplorée. Jamais le pieux *Antonin* réparoiſſant aux yeux du peuple *Romain* après une maladie dangereuſe, ne fut ſi tendrement accuëilli que *Louis XV*, à qui ſes fidelles ſujets decernerent dès ce moment d'une voix unanime le titre de *bien-aimé*, ſurnom bien plus flateur que ceux de *Conquerant* & de *Victorieux*.

Le

Le Roi fut à-peine retabli, qu'il marcha en *Alface*. On fait ce qu'il y fit ; le Prince *Charles* repaffa le Rhin en bon ordre, il eft vrai, parce que toutes fes difpofitions, qu'il avoit faites avec fageffe, lui évitèrent les défagrémens d'être coupé ; mais un Evénement plus intéreffant pour la *France* fut la prife de *Fribourg*, ce Boulevard redoutable de l'*Autriche* antérieure. Tandis que le Roi en perfonne affiégeoit cette Place importante, le Maréchal de Bell'ifle chargé d'inftructions fecrétes & relatives à l'*Union de Francfort*, parcouroit une seconde fois les Cours d'*Allemagne*, pour tâcher de fortifier ce Traité par un plus grand nombre de Confederés.

Le Maréchal de Bell'ifle qui avoit avec lui le Chevalier fon Frere, qui fut toujours fon ami, fon Confeil & fon Aide dans toutes fes opérations, venoit de la Cour de *Caffel* pour prendre la route de *Berlin*, afin d'y détruire quelques faux bruits que les Ennemis de la *France* avoient répandus dans l'Europe, & qui pouvoient porter une atteinte dangereufe à l'*Union de Francfort*, & par conféquent aux intérêts de l'Empereur.

M 4

Le

Le Maréchal fortant de la *Turinge* le 20 de Decembre, alla prendre des Relais à la Pofte d'*Elbingerode*, petit bourg, enclavé dans le territoire de *Hanovre*, quoique la pofte appartint au Roi de *Pruffe*, puifque les Armes de Sa Majefté font fur la porte, & que les poftillons portent la livrée de ce Prince.

Le Sieur *Voigt* Baillif d'*Elbingerode*, homme entreprenant, qui d'ailleurs cherchoit à faire fa Cour au Roi d'*Angleterre* fon Maître, prit la réfolution d'arrêter le Maréchal. Il ne fut que trop ardent à exécuter fon entreprife & arrêta à cette Maifon de Pofte M. le Duc de Bell'isle & fon Frere le Chevalier : violence inouïe, qui contre toutes les règles attentoit formellement au Droit des Gens ; car enfin il eft clair, que le Roi de *Pruffe* feul, avoit Droit d'exercer un acte de cette Nature, fur un terrein qui étoit à lui. Ces reprefentations ne firent aucun effet fur l'efprit du Baillif, qui fit conduire fes illuftres prifonniers à *Ofterode*, d'où Sa Majefté *Britannique* les fit mener en *Angleterre*, où ils reftèrent jufqu'au 17 Août de l'année fuivante. Le Palais de *Windfor* leur fut affigné pour demeure, & ils y

fu-

furent traités moins en prisonniers qu'en Souverains.

La Cour de *Versailles* ne fut pas plûtôt informée de cet Evénement, qu'elle se plaignit à celle *Londres* de la violence qu'on avoit exercée contre le Maréchal de Bell'isle & le Chevalier son Frère.

Le Marquis d'*Argençon*, Frère du Ministre de la Guerre, qui avoit succedé à Mr. *Amelot* dans le département des Affaires étrangères, écrivit de la part du Roi au Lord *Newcastel*, Secretaire d'Etat de Sa Majesté *Britannique*, & il prétendit avec raison dans sa Lettre, *que le Baillif d'Elbingerode, devoit être puni de l'attentât qu'il avoit commis & des violences qu'il avoit exercées contre le Maréchal de Bell'isle & son Frère; & que si on ne vouloit pas avoir égard à Londres, à la violation du Droit des Gens* sur un terrein dans lequel le Roi-Electeur n'avoit aucune autorité, *la Cour de France* (voulant éviter des plaintes ultérieures) *consentoit à païer leurs Rançons*, conformément au Cartel établi avec l'*Angleterre* à *Francfort* en 1743.

L'Empereur reclama, de son côté, le Maréchal de Bell'isle, qui étoit Prince de l'*Empire*, & qu'on ne pouvoit arrê-

ter

ter dans une dépendance Electorale sans violer les Conftitutions du Corps-Germanique. Mais l'*Angleterre*, qui tenoit fa proïe, ne voulut point la lâcher, & toutes les raifons politiques cédèrent à une obftination qui honoroit le Maréchal de Bell'ifle & fon Frère.

La Réclamation de *Charles VII.* fut le dernier acte qu'il exerça comme Empereur; titre glorieux qui le rendit infortuné & devança fes jours. Ce Prince accablé de chagrins & de maux compliqués, mourut dans la Capitale de fes Etats Electoraux le vingt Janvier 1745: il avoit été élû Empereur, comme je l'ai dit ailleurs, en 1742, & fon frère l'Electeur de *Cologne* le couronna enfuite avec l'agrément de celui de *Mayence*, feul en droit de remplir cette fonction. Cette Cérémonie qui fembloit annoncer de la cordialité n'empêcha pas que *Clement-Augufte* ne continuât à perfécuter fon Frère, s'étant lié à la Maifon d'*Autriche*, en vendant le fang de fes propres fujets aux Ennemis declarés de *Charles VII*, qui emporta au tombeau la douleur d'avoir fait rentrer la Dignité Impériale dans fa Maifon. Le jeune Electeur *Maximilien* fon fils, honora fon Maufolée du titre d'*Empereur*

pereur

pereur invincible, Surnom qui tenoit beaucoup plus à l'étiquette de la Chancellerie allemande, qu'à la vérité, puisque celui à qui il déféra cette qualité, & devant lequel on mit le *Globe de l'Univers*, avoit été vaincu, chassé de ses Etats, & n'avoit pas même pû obtenir dans l'*Empire*, & même à *Francfort*, la considération que sa Dignité & sa bienfaisance devoient lui mériter.

Ceux qui étoient las de la Guerre, s'imaginèrent que la mort de l'Empereur, pour qui on la faisoit, alloit mettre un terme aux maux qui désoloient l'*Europe*; mais des intérêts compliqués ne servirent qu'à perpétuer les Calamités publiques.

l'*Angleterre*, qui parloit d'un ton décisif à la Cour de *Vienne*, à qui elle fournissoit les moyens de poursuivre la Guerre, éloigna le Ministère *Autrichien*, qui auroit probablement souhaité la paix pourvû que la Couronne Impériale fût placée sur la tête du grand Duc; mais la Reine de *Hongrie* avoit des vuës plus étenduës, qui ne lui permirent pas de traiter alors. La Cour de *France* fit quelques tentatives auprès de celle de *Dresde*; elles allerent même jusqu'à promettre

tre la Couronne Impériale à *Auguste*, qui la refusa. Son procedé étonna toute l'Europe : j'ignore pourquoi ; car j'ai toujours regardé son refus comme l'ouvrage de la Politique la plus saine & la mieux concertée. En effet ce Prince en acceptant la Couronne Impériale perdoit à-coup-seur le Trône de *Pologne* (Dignité *Elective* qu'il y a beaucoup d'apparence qu'il rendra *héréditaire* dans sa maison), & il sacrifioit par conséquent une Couronne perpétuelle à un honneur passager, que les disgraces de *Charles VII*. ne dévoient pas lui faire ambitionner.

Toute l'Europe connoit les Evénémens de cette année 1745 ; nous ne les rapellerons pas, nous dirons seulement que les *Païs-bas Autrichiens* respectés jusqu'en 1744, devinrent le Théatre de la Guerre, & que les *Hollandois* ayant été ensuite forcés (par une de ces raisons à qui la Politique de cette sage République fut obligée de ceder) de s'unir à l'*Angleterre*, pour secourir la Reine de *Hongrie*, furent eux-mêmes menacés dans leurs propres foyers, quoique la *France* les aimât ; mais le Droit de la Guerre permet d'attaquer son Ennemi où l'on peut l'atteindre ou le trouver. *Le Sas*

Sas *de Gand* fut la première victime de cette prérogative, & cet Evénément donna un Nouveau *Stadhouder* à la République, *Berg-op-Zoom*, forteresse redoutable, qui est un des principaux boulevards de la *Hollande* fut prise ensuite, malgré la facilité qu'on avoit de rafraîchir tous les jours la garnison, & d'y faire entrer des vivres: cette Catastrophe jetta la consternation dans toutes les *Provinces Unies*; & la levée du *cinquantième denier*, qu'on demanda aux peuples sous le titre de *Don gratuit*; produisit près de cent millions, qui servirent à continuer la Guerre & à accélerer la Paix, dont les Préliminaires furent arrêtés au moment où *Maestricht* alloit être pris.

La levée du *cinquantième denier* qu'on remit à la réligion du Serment des *Hollandois*, fait beaucoup d'honneur au caractère de cette Nation, & si l'on pouvoit douter de sa fidelité, le Decret émané à ce sujet confondroit les incrédules : je connois plusieurs Nations qui n'enrichiroient pas l'Etat, si les *Dons gratuits* qu'on leur demande, dependoient de leurs Sermens.

Le Roi de *Prusse* effrayé des Alliances

que

que la Reine avoit faites par la Convention *de Worms*, antérieur de près d'une
année à l'*Union de Francfort*, jugea que
le Traité d'Amitié & d'Alliance *deffensive* concluë à *Breslaw* entre la Reine de
Hongrie & lui, pouvoit lui devenir funeste, si cette Princesse, réunie avec la
Grande-Bretagne, les *Provinces-Unies*, le
Roi de *Pologne* Electeur de *Saxe* & le Roi de
Sardaigne, vouloit agir pour reprendre la
Silesie, qu'il n'ignoroit pas qu'elle revendi-
queroit comme extorquée ; & comme la
maxime du Roi de *Prusse* a été dans tous
les tems celle de *Cesar*, dont l'activité
prévint toujours ses Ennemis, parce
qu'un homme qui attaque, sur tout à
l'Improviste, a un avantage decidé sur
celui qu'il menace ; ainsi *Frederic* mettant
à-profit l'*Union de Francfort*, fondit brus-
quement sur la *Bohème*, après avoir porté l'épouvante dans l'Electorat de *Saxe*,
& sur tout dans la Capitale, qu'il traver-
sa avec 80 mille hommes.   Le Roi de
Prusse sembloit né pour accoutumer l'Europe à des traits auxquels personne ne
s'attend. L'on fut aussi étonné de le voir
revenir devant *Prague* en 1744, qu'on
l'avoit été en 1742. de le voir quitter
l'Alliance de la Maison de *Bourbon* pour

se réunir à celle d'*Autriche*. Une particularité qu'on ne doit pas omettre dans l'Histoire, c'est que *Prague* étoit alors deffenduë par 15 mille hommes aux ordres du même Général *Ogilvy* sur lequel on l'avoit prise d'assaut en 1741.

Il y a beaucoup d'apparence que cet homme étoit peu habile : j'ajouterois ou *malheureux* ; mais je ne crois point à cette prétenduë fatalité, qui ne sert qu'à pallier les fautes, & je blâme assez-haut la conduite d'un Général, qui, dans une ville comme *Prague*, dont les fortifications avoient été augmentées par les *François*, se rend lui & 15 mille hommes de bonnes Troupes, prisonniers de Guerre, après dix jours de Siége.

Le jeune Electeur de *Bavière*, qui n'étoit point encore d'un âge à pouvoir se décider par lui-même, se voiant d'ailleurs trahi par le Comte de *Seckendorff*, qui ayant été infidelle à l'Empereur *Charles VI*, le devint à son tour à la Maison de *Baviére*, pour se raccommoder avec celle d'*Autriche*, qu'il auroit trahie encore s'il eut vécû assez de tems pour imiter le Comte de *Bonneval* ; & la Porte *Ottomane* auroit vû pour la seconde fois un Général Autrichien sacrifier sa Reli-

ligion, & son Maître, au titre de *Bacha*
à trois queuës. *Maximilien* instruit par les
malheurs de son Père, que le Ministère
Autrichien lui exagéroit encore, fit sa
paix avec la Reine de *Hongrie*. Les
hommes austéres qui condamnent tout,
traiterent ce procedé d'ingratitude, par-
céque depuis longtems la *France*, protectrice née des Souverains opprimés, sou-
tenoit la Maison de *Baviére*; mais celui
qui voit les choses de sang froid, pen-
sera avec moi, que ce Prince âgé de 17
ans, & qui par-là ne pouvoit prétendre
à l'*Empire*, travailla sagement pour lui
& pour la *France*, qu'il débarrassa d'un
Allié qui lui étoit à-charge: On sait combien de *Millions l'Empereur* son Père coûta à *Louis XV.*

Après un portrait succint des Généraux qui étoient à la tête des Armées
en *Flandre*, en 1744, & un leger détail
des Evénemens ultérieurs, je suivrai le
Maréchal de Bell'isle au sortir de l'*Angleterre*, & nous le verrons figurer une seconde fois à la tête des Troupes *Françoises*.

Le Roi Très-Chrétien avoit dans son
Armée l'Elite de ses Généraux, parmi
lesquels on distinguoit surtout l'Arrière-
Pe-

Petit-fils du Grand *Condé*, , qui fit de très belles actions en Flandre, & deux Étrangers qui ont soutenu avec éclat la gloire du Nom *françois*; haïs de leurs collégues, estimés dans toute l'Europe, adorés de la Nation qu'ils vangeoient, & honorés de la confiance du Roi, ils ne repondirent à leurs ennemis particuliers, qu'en combattant ceux de l'Etat & qu'en prenant des villes.

Les *Anglois* étoient commandés, avant que le Duc de *Cumberland* se mît à leur tête, par le Général *Wade*, vieil Officier, l'éléve du celébre *Marlboroug*, l'Emule du grand *Eugene*, & le Rival heureux des Généraux les plus fameux que la *France* ait eûs; car cette Puissance presque terrassée avant l'affaire de *Denain*, ne reprit sa superiorité sur la Maison d'*Autriche*, que lorsqu'une *paire de Gans* perdit la Duchesse de *Marlboroug*, qui entraîna son mari dans sa chute, & le priva du Commandement de l'Armée *Britannique.* Mr. *Wade* joignoit à un courage ferme & de sang froid, une grande connoissance de la *Flandre*, & beaucoup d'expérience & d'habileté.

Le Duc d'*Aremberg*, le *Villars* des *Autrichiens*, commandoit les Troupes de la
N   Rei-

Reine de *Hongrie*; c'étoit, ainsi que le Général *François*, à qui je viens de le comparer, un homme aimable, qui aimoit les Arts & les plaisirs, & qui n'étoit guerrier que dans les Armées: je veux dire, que n'étant pas borné dans le Militaire il ne ressembloit point à ces guerriers *Conteurs*, qui toujours occupés d'eux-mêmes ne parlent que des Villes qu'ils ont prises, & des Campagnes qu'ils ont faites; Héros assommens, nés pour l'Ennemi de ceux qui ont le funeste honneur de les approcher. Le Duc d'*Aremberg* avoit les vertus d'un *François* & les mœurs d'un *Flamand*; formé par le *Prince Eugéne* qui en faisoit un grand cas, il ne dut le Commandement des Armées qu'à l'espoir que le Héros de l'*Allemagne* fit concevoir de lui à *Charles VI*, lorsque ce Prince consulta *Eugene* mourant, sur le merite des Officiers qui avoient servi sous ses ordres. Le Duc d'*Aremberg* a laissé un fils, qui jeune encore est Lieutenant Général; il s'est distingué dans la Guerre présente, & s'il ne sert plus depuis 1760. c'est qu'il y a des cabales à la Guerre comme dans les Cours, où le merite & les talens sont souvent sacrifiés par ceux-mêmes qui les estiment, &

qui

qui fans commettre une Injuftice obéïf-
fent aux cirsonftances.

Les *Hollandois* étoient fous les ordres
du Comte *Maurice de Naffau*, Defcendant
de ce fameux Prince à qui les Provinces-
Unies durent leur liberté, & cette fplen-
deur éclatante qui les placent aujour-
d'hui au Rang des premiers Etats
de l'Europe, diftinction glorieufe qu'elles ne doivent qu'à leur Union, à la fageffe de leurs vuës, & à la Conftitution
de leur Gouvernement.

l'Habileté de ces trois chefs auroit pû
s'oppofer au progrés des *François*; mais
on vit alors, ce qui arrivera toujours,
quand des Troupes de differentes Nations feront réunies enfemble : quand le
Général de chacune des Armées peut a-
voir l'honneur du Triomphe, la méfin-
telligence fe met néceffairement dans les
Chefs ; elle paffe bientôt aux Soldats,
& les intérêts de la gloire commune font
facrifiés à des vuës particulières qui im-
molent l'Etat. Voyez le Maréchal d'Eftrées, ce citoien illuftre, ce Miniftre, ce
Guerrier fameux ; une trahifon qu'on
peut mettre au Nombre des grands......
Je m'arrête, parceque je ne peins pas ici
l'hiftoire des crimes, dont il eft à crain-

dre que des punitions trop douces n'aug-
mentent le nombre.

Tels étoient les Guerriers deftinés à
s'oppofer aux progrès de *Louïs XV* ; la
Republique d'Hollande vouloit toujours
temporifer, & le Comte de *Waffenaar*
autrefois Ambaffadeur à la Cour de *France*, fut envoyé au Camp du Roi, qu'il
fuivit pendant fes premiers fuccés : c'é-
toit un homme d'efprit, qui joignoit à
des manières aifées, toujours victorieu-
fes en *France*, beaucoup de fçavoir &
de politeffe ; *Louïs XV* l'eftimoit & lui parla avec bonté, mais il alla fon train parcequ'il ne lui étoit pas libre de faire au-
trement.

Les fuccés en Italie diminuèrent, &
finirent enfin par mettre les vaincus à la
place des Vainqueurs ; les Batailles de
Plaifance & du *Tidon*, perduës en Juillet & Août 1746, mirent l'allarme dans
les Armées *françoifes* & *Efpagnoles*. La
Mort de *Philippe V*, arrivée dans l'inter-
valle de l'une à l'autre bataille, changea
le fiftème particulier de la Cour de *Madrid*, fans apporter toutes-fois le moindre dérangement à celui qui regardoit
la Caufe générale. Le Marquis de *Las-
Minas* arriva le 16 Août 1746. à *Tor-
tone*

tonne, fans qu'on l'attendît ; la communication interrompuë depuis la Bataille
de *Plaifance* ; n'avoit point permis aux
François & aux *Efpagnols*, de recevoir
aucunes lettres que par la voye de *Veni-*
fe, qui étoit, comme on peut fe l'ima-
giner longue & tardive.

Les *François* évacuèrent l'*Italie* avec
une précipitation affectée, qui ne donna pas une grande idée de leur confiance: les *Autrichiens* couchoient tous les
foirs dans les lits que les *françois* venoient de quitter ; & le Maréchal de
Maillebois, qui commandoit cette *Armée*,
laiffa paffer *le Var* aux Ennemis fur la fin
de l'année 1746.

Les affaires d'Italie réduites à la dernière extrémité par la mauvaife conduite du Général *François* & des *Efpa-*
gnols, engagèrent la Cour à rappeler le
Maréchal de *Maillebois*, qui n'étoit encore qu'à fa feconde difgrace ; & on envoia le Maréchal de Bell'ifle prendre le
Commandement, & rétablir la Difcipline dans cette Armée.

Le Maréchal qui depuis fon retour de
Londres (où l'on croit qu'il travailla beaucoup à *fes Memoires*, que l'on attend a-
vec cette impatience que les Ouvrages

des grands hommes inspirent toujours)
le Maréchal, disois-je, formoit des projets de Paix & des Plans de Campagne,
que le Roi goûtoit; mais par une singu-
larité inouïe, Sa Majesté Très-Chrétienne, qui consentoit à remettre ses Conquêtes, & qui déclaroit formellement *qu'Elle ne vouloit rien pour elle*, trouva de la
part de la Cour de *Vienne* des oppositions
à la Paix que l'Europe désiroit; ainsi *Louis
XV*. fut obligé de continuer la Guerre.
Le Maréchal de Bell'isle partit pour se
rendre dans le Comté de *Nice*, avec le
Chevalier son Frère, qui avoit servi dans
l'Armée de *Flandre*, depuis qu'il étoit
revenû d'*Angleterre*; mais il apprit à *Aix*
que le Maréchal de *Maillebois* avoit non-
seulement évacué les Etats du Roi de
Sardaigne, mais que les Ennemis avoient
passé le *Var* auprès de St. *Laurent*. Le
Maréchal de Bell'isle fort inférieur aux
Autrichiens & aux *Piémontois*, se tint sur
la deffensive jusqu'à l'arrivée d'un Renfort, qui lui venoit de l'Armée de Flandre, & concerta, pendant ce tems, toutes les opérations qui pouvoient lui assurer le succès de son Entreprise.   Le
Maréchal de *Maillebois*, qui ne s'étoit jamais entendu avec le Marquis *Las-Minas*,

nas, avoit aliéné l'esprit des *Espagnols*, naturellement fiers, & peu faciles; le Maréchal de Bell'isle sçut sans bassesses & sans prévénances qui pussent compromettre sa Dignité, se concilier les *Espagnols*, & vivre dans une parfaite intelligence avec leur Chef. Je trouve dans une de ses lettres adressée à *Metz* à Madame *Ferrand* son amie, ces mots, qui prouvent assez ce que je viens de dire.... *Les Espagnols sont très lians; je passe agréablement ma vie avec eux; j'écris, je me proméne au Camp, je mange, & je larde tout de la de Parties de Cométe, que je fais avec Mr. de Las-Minas.*

Jamais il n'y eut entre lui & le Général *Espagnol* de rivalité ni de préséance; tout étoit concerté sans le paroître; ils avoient arrangé que celui des deux qui arriveroit le premier à la Comédie, où il n'y avoit qu'un Balcon pour eux, prendroit la première Place; & par l'attention qu'ils eurent pendant plusieurs mois de n'arriver que l'un après l'autre, cette préséance fut toujours alternative. Ces faits paroissent minutieux, mais j'ai crû devoir les raporter, pour prouver que les plus petits détails concilient souvent les grands intérêts.

Pen-

Pendant que le Maréchal de Bell'isle empêchoit les Ennemis de faire de grands progrès, il travailloit à rassembler des fourages, & à former des Magazins qui pussent le mettre à même de subsister au Camp du *Puget*, où il s'établit dans le mois de Decembre, & d'aller en avant; ce travail fut le plus essentiel & le plus penible, parceque les fourages manquans dans la *Provence*, païs sec & aride, il étoit obligé de les faire venir de plus de quarante lieuës. Il faut remarquer, que par une précaution fort sage, il n'avoit point voulu qu'on se servît de Chariots pour lui amener le foin, parceque dans un trajet aussi long, les chevaux attelés à ces voitures auroient consommé la moitié du fourage qu'ils auroient apporté; il fit donc transporter cette subsistance par des païsans, à qui l'on donnoit dix sous par jour. Un Bourgeois de *Toulon* crut faire sa Cour au Maréchal de Bell'isle, en lui apportant une Edition des Propheties de *Nostradamus*, dans laquelle on lisoit,

> *En mil sept cent quarante sept,*
> *Le Provençal sera Mulet.*

par-

parce que dans cette Province ce font les *Mulets* qui tranfportent le fourage ; mais le Maréchal (qui s'étoit apperçu que le feuillet dans lequel on lifoit cette centurie, avoit été imprimé après-coup) fourit, & renvoya le flateur.

Les *Autrichiens* preffés d'arriver en *France*, partirent de *Genes*, fans amener avec eux leur groffe Artillerie. Comme ils ne s'étoient encore emparé que de *Graffe*, de *Draguignan* & de quelques autres petites Villes ouvertes & fans defenfe, ils voulurent s'affurer d'une retráite, & pour cet effet, ils vinrent mettre le Siége devant *Antibes*, avec fix petites piéces de Canon, quelques Mortiers, & douze Canons *de bois*, piéces factices, qui n'en impofèrent point à Mr. de *Sades*, Brigadier des Armées du Roi, qui commandoit dans cette Place.

Pendant que les *Autrichiens* menaçoient *Antibes*, les *Anglois* leurs utiles Alliés bombardoient les Ifles de Ste. *Marguerite*, defenduës par un vieillard de 80 ans, qui fe rendit fans faire de refiftance, & que la Cour dégrada. Le motif de fon jugement fut, *que jamais des bom-*

bes

bes ne pouvoient obliger un Officier à rendre un poste quel qu'il fût.

Après un mois de tentatives, de fausses attaques, de menaces & de sommations, les *Autrichiens* abandonnèrent honteusement leur Entreprise sur *Antibes*. Le Maréchal en rendant compte de la levée de ce Siége au Ministre de la Guerre, commence sa Lettre par ces mots, qui dévelopent la bonté de son ame:

Autant j'ai eu de peine, Monsieur, à vous rendre compte de la mauvaise conduite du Commandant des Isles de Ste. Marguerite, autant j'ai de plaisir à vous entretenir aujourd'hui de la belle defense que Mr. de Sades a faite dans Antibes. . . . . .

Il termine cette Lettre par demander le brevet de Maréchal de Camp pour Mr. de *Sades* & des Lettres de Noblesse pour le Maire de la Ville: l'une & l'autre de ces graces furent accordées sur-le-champ.

Le Maréchal de Bell'isle, qui attendoit dans son Camp du *Puget*, le moment de marcher avec succès à l'Ennemi, travailloit sans cesse avec son Frère, soit aux dispositions rélatives à cet objet, soit au maintien de la Discipline, qu'il entretint

tint avec le plus grand soin dans les con-
jonctures les plus délicates. La richef-
fe de la *Provence* confifte dans fes fruits;
Le Maréchal defendit, fous peine de
la vie, de couper un feul arbre fruitier,
quoiqu'on campât dans la faifon la plus
rude, & qu'on n'eût pas de bois à fa dif-
pofition. Les *Autrichiens* n'eurent pas,
à-beaucoup-près, ces menagemens :
Un Officier général qui s'étoit apperçû
des degâts qu'ils avoient faits en *Provence*, voulut perfuader au Maréchal de
Bell'ifle de s'en vanger dans le Comté de
Nice, qui n'a d'autre reffource que celle
qu'il tire de fes oliviers; mais cet illuftre Chef lui impofa filence, en lui difant, *n'imitons*, *Monfieur*, *que de bons
exemples.*

Toutes les difpofitions du Marécha
de Bell'ifle étant faites, il quitta le Camp
du *Puget* le 21 Janvier 1747, pour fe
porter en avant, combattre les *Autrichiens*, ou les forcer de repaffer le *Var*.

L'ordre de cette Marche fut un chef
d'œuvre. Comme il ne pouvoit y avoir de
Magazins en avant, puifque le Pais dans
lequel on fe préparoit à marcher, étoit
occupé par l'Ennemi, les Caiffons des
Vivres furent remplis du Pain néceffaire
pour

pour la route ; les Chevaux des Officiers portoient tous indiſtinctement un certain nombre de rations de fourage, les Cavaliers & Dragons autant, & les fantaſſins & ingambes en portoient trois bottes, moiennant dix ſous par jour qu'on leur donnoit. Il arriva, par cette ſage prévoiance, que l'Armée ne manqua de rien dans un Païs aride, deſerté par l'habitant & dévaſté par l'Ennemi.

La Marche du Maréchal de Bell'iſle eut tout le ſuccès qu'on pouvoit en attendre. Les *Autrichiens* ſurpris dans *Caſtellane* & dans quelques autres poſtes y furent batus, & le Maréchal les força par la vivacité de ſes Marches, à repaſſer le *Var* le trois Fevrier. Il eſt vrai qu'un Evénement ſingulier ſurvenu à *Genes*, ne contribua pas peu à obliger les *Autrichiens* d'évacuer la *Provence*.

L'Europe connoit cette fameuſe Revolution : Un bas Officier *Autrichien* veut contraindre un Apoticaire à aider au tranſport d'une pièce de Canon qu'on enlevoit contre les Traités, pour fournir de l'Artillerie au Maréchal de *Browne* qui étoit en *Provence* ; cet Apoticaire refuſe, le bas Officier le frappe ; cette te brutalité qui excita un enfant à jetter les hauts cris, mit la populace en mouvement, & causa une Revolte qui fit perdre dans un instant aux *Autrichiens*, tout le succès d'une Campagne brillante.

Le Peuple indigné courut aux armes, les *Autrichiens* qui gardoient la porte de St. *Thomas*, qui conduit à ce superbe faubourg de St. *Pierre d'Aréne*, furent égorgés. Le Marquis de *Botta* qui y commandoit pour la Reine de *Hongrie*, manqua d'être pris en se sauvant vers *Campo-Marone*, & s'il échapa aux païsans qui le poursuivoient, ce fut par un trait de Politique, qui prouve que dans tous les cas, les ames vulgaires font ceder l'honneur à l'intérèt. Le Général *Autrichien* se voiant serré de près par une populace effrenée, qui l'auroit immolé sur le champ, fit éventrer quelques valises remplies de *Genouïnes* (*), que les mulets de son équipage portoient: ce sacrifice lui sauva la vie, parce que les Païsans

(*) Piece d'argent, qui vaut environ 8 Liv. 2 S. monnoïe de *France*. Les *Autrichiens* tirerent de la Banque de St. *Georges*, 3 millions de *Genouïnes* lors de la Capitulation.

fans occupés à amaſſer l'argent, laiſſè-
rent aller le Marquis de *Botta*, qui dût
la vie à ce heureux ſtratagême.

On ſait les ſuites de cette Revolution,
que pluſieurs Politiques regardèrent ſous
un aſpect different; je dois même dire,
que le plus grand nombre de ceux qui
ont écrit ſur cette matière, ont pretendû
que le Soulèvement des Genois, contre
un vainqueur avec lequel ils avoient capitulé, étoit une violation manifeſte du
Droit des Gens. Les *François* qui ont
repondû aux Erudits *Allemands*, ont ſou-
tenu que les *Autrichiens* aiant violé les
premiers la Capitulation, en s'emparant
de l'Artillerie *Genoiſe*, qui devoit reſter
ſur les Remparts, ils avoient rompû les
liens qui lioient les vaincus. Je ne pro-
noncerai point ſur cet objet; je détaille
en Hiſtorien, c'eſt au Lecteur à prononcer. Je dirai ſeulement, que la reſolu-
tion des *Genois* ſeroit plus admirée, ſi
cette Nation n'avoit de fatales époques
contre elle dans l'Hiſtoire : Les *Autri-*
chiens égorgés dans *Genes* font le troiſiè-
me tome d'une action que les François
avoient eſſuïée eux-mêmes aprés une Capitulation ſacrée, & le Sr. *Villavecchia*,
le même que Mr. de *Chauvelin* a fait

rap-

rappeller honteusement de *Turin*, ce Ministre à son départ d'*Hollande*, n'a pas fait honneur à sa Representation, en laissant après lui de justes plaintes, pour Dettes contractées au Nom de ses Maîtres.

Pour ne plus revenir à *Genes*, je dirai que la *France* Protectrice plûtôt qu'Alliée de cette Republique, la defendit contre les *Autrichiens*, qui revinrent en 1747 & en 1748, pour reprendre une Ville qu'ils traitoient de coupable & d'insolente ; mais leurs efforts furent superflus : tout étoit devenu Soldat à *Genes* ; la Noblesse des deux *Portiques* (*) portoit le mousquet, & montoit la garde comme un simple fusilier ; tous les Corps de l'Etat imitèrent cet exemple, & les Religieux, qui sont ordinairement accusés de n'aimer qu'eux, devinrent citoiens & s'armèrent pour la Patrie. Il est vrai que les *Autrichiens* exercèrent contre eux des cruau-

____

(*) La Noblesse *Genoise* est divisée en deux *Portiques*, qu'on nomme *Portico nuovo*, *Portico Vecchio*, c'est-à-dire, *Portique neuf*, *Portique vieux* : quoique tous deux concourrent alternativement à la suprême Dignité, qui est biennale à *Genes*, le vieux Portique a beaucoup de prérogatives sur l'autre.

cruautés inouïes, ils n'ent prenoient pas
un les armes à la main, qu'ils ne le ren-
voiaffent à *Genes* dans un état barbare,
qui ne leur laiffoit que le trifte fouvenir
d'avoir été hommes : je crois qu'on m'en-
tend, la décence ne me permet pas d'ê-
tre plus clair. Quelles horreurs ? elles
n'étoient pas l'ouvrage des *Pandoures*;
Des Troupes reglées, les commettoient
de fang froid, & deux Capucins qui fe
trouvoient dans l'état déplorable que je
viens de peindre, m'ont affirmé à la
Paix, que Mr. de *Schulembourg* avoit
lui-même ordonné qu'on les mutilât. Si
le rapport de ces Religieux eft vrai, j'en
fuis fâché pour le Général *Autrichien*, qui
a d'ailleurs beaucoup de belles actions
par-devers-lui.

Le Duc de *Bouflers* fauva *Genes*, &
périt dans cette Ville, où fon nom eft en
vénération. Les *Autrichiens* avoient fait
en 1748. une marche favante, qui alloit probablement les remettre en poffef-
fion de *Genes*, parceque les *François* éten-
dus depuis *Seftri di ponente* jufques dans
la Principauté de *Maffa-Carrara*, Païs
célébre par fes beaux marbres, étoient
trop divifés pour s'oppofer aux efforts
réunis du Général *Autrichien*; on avoit
fait

fait la même faute qu'on a commise dix années après, dans l'Etat de *Hanovre*; mais on n'en fut pas la victime à *Genes*, parceque la suspension d'armes arriva heureusement pour les *François*, & le Bâton de Maréchal plus heureusement encore pour le Duc de *Richelieu*.

Le Maréchal de *Bell'isle* ayant mis les *Autrichiens* dans la nécessité de retrograder, fit entrer son Armée en Cantonnement: c'est là que le Général *François* forma un Plan de defense, qu'il envoya aux *Genois*, qui le suivirent exactement; après quoi laissant le Commandement de l'Armée au Chevalier son Frére qui en étoit le plus ancien Lieutenant-Général, il se rendit à *Versailles*, pour y prendre les ordres du Roi pour l'ouverture de la Campagne.

Il revint sur la fin d'Avril, & amena avec lui le Comte de *Gisors*, son fils unique, qui venoit faire sa premiere Campagne, à la tête du Regiment de *Roial-Barrois*, que son Pere lui avoit obtenu. Il est à remarquer que le Maréchal de Bell'isle, qui n'avoit pas élevé son fils dans cette molesse, qui fait passer nos jeunes Seigneurs *François* pour des femmes delicates, voulut qu'il fît la route de *Paris*

O

au

au *Var*, c'est-à-dire de deux cent lieuës, en *bidet*, & il ne lui permit d'avoir une Chaise de Poste que depuis son Mariage.

Le Comte de *Gisors* se levoit à quatre heures du matin, faisoit exercer son Regiment tous les jours, & donnoit le premier exemple du bon ordre & de la discipline. Après s'être distingué dans le Comté de *Nice*, il fut nommé Colonel du Regiment de *Champagne*. Il fit des prodiges de valeur à l'affaire d'*Hastenbeck*. Le Roi qui connoissoit son merite, l'honoroit particulierement de ses bontés, & lui en donna des marques bien grandes, en le plaçant à la tête des *Carabiniers*, Corps distingué depuis longtems par sa bravoure & par ses succès. Cet avantage lui devint funeste à la malheureuse Journée de *Crevelt*: jaloux de vaincre & de rendre au nom *François* une supériorité qu'il n'auroit jamais dû perdre, il s'avança à la tête de son Corps pour charger l'Ennemi; mais cette Action génereuse ôta la vie au Comte de *Gisors*, & la Victoire aux vaillants *François*, qui combattirent ce jour-là en héros, mais ils ne furent pas soutenus comme ils auroient pû & dû l'être. Ainsi périt ce jeune guerrier,

l'esl'espoir d'un Nom illuftre, & emportant au tombeau les regrets de l'Europe entière, & la plus grande reputation dans un âge où l'on eft ordinairement fort éloigné de la mériter. Que le Lecteur nous paffe cette petite épifode, qui devoit naturellement trouver place dans la Vie du Maréchal de *Bell'ifle*; on ne pouvoit parler du Pere fans répandre quelques fleurs fur le tombeau d'un fils digne de lui.

Le Maréchal fut à-peine arrivé à l'Armée (qu'il trouva, graces aux foins de fon Frere, dans le meilleur état poffible) qu'il fit fes difpofitions pour paffer le *Var*, & fe porter dans le Comté de *Nice*.

Les Expéditions commencerent par la prife des Ifles de Ste. *Marguerite*, qui fe rendirent à Mr. de *Chevert*, fous les ordres du Chevalier de *Bell'ifle*, qui avoit dirigé la conduite de cette opération. Cette Entreprife réuffit malgré l'Efcadre de l'Amiral *Bing*, ce même Guerrier que depuis nous avons vû périr malheureufement après la conquête de *Minorque*, & à la mort duquel toutes les Nations ont donné des larmes: Elles furent étonnées de contrafte qui fe trouve entre cette scene tragique, & les honneurs dont on accabla M. de *Blakeney*, qui laissa prendre par surprise cette Forteresse qu'il commandoit (*).

L'Armée du Maréchal de Bell'isle passa le *Var* sur cinq Colonnes, le trois Juin à la pointe du jour : le Comte de *Leutrum*,

(*) *La Lettre suivante, traduite du St Jame's Cronicle du 5 Janvier dernier, prouve qu'en Angleterre, on plaisante actuellement sur cet Evénement déplorable.*

„ *Je ne sais ce que penseront les Neveux des*
„ *Citoïens de* Dublin*, lorsque, voiant la Sta-*
„ *tuë qu'ils ont érigée au Lord* Blakeney*,*
„ *ils chercheront dans les Annales le nom &*
„ *les Exploits de ce Héros au Siege du Fort St.*
„ Philippe *, & qu'ils trouveront qu'il n'y a point*
„ *eu de Sergent, ni de Caporal, dans cette Gar-*
„ *nison, qui n'ait mieux merité une Statuë que ce*
„ *Lieutenant-Gouverneur. Les Patriotes d'Irlan-*
„ *de s'excusent uniquement sur la* Pairie *, dont en*
„ Angleterre *on avoit jugé à propos d'illustrer ses*
„ *grandes Actions.*

„ *Votre Papier, Mr.* Baldwin *, nous apprend,*
„ *que les Patriotes de* Cork *se disposent à ériger*
„ *aussi une Statuë au grand Patriote des Patrio-*
„ *tes. Agréez, que je les exhorte à ne se pas*
„ *tant presser. Si le tems decouvre, que le dit*
„ *Patriote a été un bon Orateur, mais un mau-*
„ *vais Politique; un honnête-Homme, mais un*
„ *Ministre impérieux, fluctuant dans ses princi-*
„ *pes; qu'après avoir conquis plus de Pays, que*
„ *nous ne puissions gouverner; qu'après que notre*
„ *réputation, par la conduite de nos Généraux &*
„ *l'In-*

trum, Lieutenant-Général au service du Roi de *Sardaigne,* qui commandoit dans *Nice,* n'eut que le tems de se sauver avec cinq Battaillons, qui étoient dans la Capitale. L'activité du Maréchal, secondé de son Frere, ne lui laissoit pas perdre un moment; maître de *Nice* le

3,

„ *l'intrépidité de nos Soldats, eut surpassé celle*
„ *de toute autre Nation sur la surface de la Ter-*
„ *re; qu'après tout cela, dis je, il paroît évidem-*
„ *ment, que ce Patriote, faute de jugement &*
„ *par une arrogance hors de saison, a perdu une*
„ *belle occasion de rendre la Paix à sa Patrie à*
„ *des conditions honorables & avantageuses, &*
„ *qu'au lieu de cette Benediction, il l'a plongée dans*
„ *une seconde Guerre, qui, quelque heureuse*
„ *qu'Elle puisse jamais être, ne peut qu'être rui-*
„ *neuse aux deux Nations, & exposer toute l'Eu-*
„ *rope à se voir embrasée: S'il l'ontrouve que les*
„ *François, par une politique judicieuse, aient*
„ *su porter l'Espagne & l'Angleterre à se provo-*
„ *quer au Combat sans motifs, sans intention: Si*
„ *c'est-là le cas, l'Histoire érigera un Monument*
„ *durable au Ministère François, & notera les*
„ *deux autres d'idiotisme.*

„ *Si le Peuple de Cork est déterminé pour sa*
„ *Statuë, je lui conseillerois d'envoïer ses Sta-*
„ *tuaires de bronze ou de marbre à Dublin, &*
„ *de la faire mettre sur le même Cheval avec le*
„ *Général Blakeney, la face tournée vers la queuë,*
„ *avec ces mots Respice finem. On pourroit ex-*
„ *primer dans l'Inscription, qu'elle y a été placée*
„ *aux dépens de la Ville de Cork.*

3, il fit ouvrir le 4 la tranchée devant le Fort de *Montalban*, qui commande *Nice*, & qui se rendit le cinq, à six heures du soir; les hauteurs de la *Turbie*, & tous les principaux postes du Comté de *Nice*, furent pris par les *François*, avec la même rapidité. *Villefranche*, Ville maritime qui fait partie de ce Comté, étoit une Conquête d'autant plus importante à faire, que son Port servoit de rafraichissement & d'azile aux *Anglois* qui croisoient dans la méditerranée: Cette Place est entourée de rochers escarpés & de montagnes, sur lesquelles il n'est pas possible d'élever des batteries; mais malgré toutes les difficultés que les *Piemontois* & la Nature opposoient aux *François*, ils parvinrent à se rendre maître de *Villefranche*, le onze Juin, après six jours de Siége.

La Garnison Ennemie, fut faite, ainsi que celles des Isles de St. *Marguerite* & de *Montalban*, prisonniere de Guerre.

Le Siége de *Vintimille*, Place appartenante aux *Genois*, & qui étoit depuis huit mois au pouvoir des *Autrichiens* & des *Piemontois*, fut assiegée le premier Juillet, & se rendit de même.

Le Maréchal de Bellisle fut à-peine maî-

maître de cette Place, qu'il profita des avantages qu'elle lui procuroit, & il s'étendit sur sa droite & sur sa gauche, afin de tenir à l'étroit le Général de *Leutrum*, qui s'étoit retiré, depuis sa sortie de *Nice*, dans la Principauté d'*Oneille*, où il avoit rassemblé un Corps de 13 ou 14 mille hommes.

Le Maréchal de Bell'isle, dont les vuës étoient élevées, forma alors un des plus beaux projets de Guerre, que jamais Militaire ait créés : L'objet du Général *François* (qui veilloit non seulement sur le Comté de *Nice*, mais sur les dangers de *Genes*), étoit d'opérer une diversion favorable à cette Ville. Ce fut en conséquence qu'il fit le Plan que je vais detailler : l'exécution n'en fut pas heureuse, mais la mauvaise issuë d'un projet, n'ôte pas le mérite de celui qui l'a conçu ; le Prince *Ferdinand de Brunswick* en est-il moins un héros pour avoir échoué à *Berghen* ? non ; & tous les gens qui se piquent de connoître la Guerre, & de rendre justice au talent, conviennent que le Prince vaincû s'est acquis dans cette Journée autant de reputation que le Duc de *Broglio* vainqueur.

Dès que le Roi de *Sardaigne* fut infor-

mé

mé des mouvemens medités par le Maréchal de Bell'isle, qu'il retira ses Troupes pour veiller à sa propre seureté; & le Général de *Schulembourg* voiant son Armée affoiblie par le départ des *Piemontois*, jugea qu'il ne pouvoit pas avec succès poursuivre l'Expédition qu'il avoit commencée, & se prépara à lever le Siége de *Genes*, dès le deux Juillet 1747, jour auquel mourût le Duc de *Bouflers*; mais cette Ville infortunée ne fut delivrée tout à fait de la crainte de revoir les Autrichiens maîtres dans ses murs, que quelque tems après (*).

Le Maréchal de Bell'isle ne changea rien à son premier Plan, parce qu'il étoit possible que les *Autrichiens* renforcés revinssent devant *Genes*; car la Reine de *Hongrie*, voulant punir cette Ville, avoit donné à ses Généraux les ordres les plus précis, *de s'emparer de cette Place à quelque prix que ce fût.*

Mr. de Bell'isle avoit mis son Frère à
la

____

(*) On joint ici la Medaille que cette Republique a fait frapper pour servir de monument de cet heureux Événement, qu'elle doit au secours des *François*, mais qu'elle se contenta de désigner sous ces mots *suis & sociorum armis.*

la tête d'une Armée qui devoit pénetrer dans le Piémont par *Exiles* & *Feneſtrel-les*, tandis que le Maréchal auroit paſſé de ſon côté par le *Col de Tende*, & ſe feroit réuni au Chevalier ſon Frère à la vuë de *Turin*, dont on auroit formé le Siège, tandis que les *François* auroient contenu les *Autrichiens* dans l'Etat de *Genes*.

Voila certainement un beau projet. On ne peut diſſimuler qu'il y avoit beaucoup d'obſtacles à ſurmonter avant qu'on l'exécutât; le Fort de *la Brunette*, qu'on ne pouvoit prudemment laiſſer derrière ſoi, & deux autres Sièges importans auroient pû arrêter le Chevalier de *Bell'iſle*, mais le malheur voulut qu'il périt le jour même qu'il commença ſon Expédition délicate.

Les *Piémontois* informés des deſſeins des *François* par les chemins militaires qu'ils faiſoient faire depuis *Guilleſtre* juſqu'aux vallées qui conduiſent ſur les frontières du *Piémont* & du païs des *Vaudois*, avoient formé des Rétranchemens ſur les hauteurs du Col de l'*Aſſiette* : poſte excellent deffendu par la Nature. Le Chevalier de *Bell'iſle* ayant fait reconnoître ces détachemens, reſolut de les

atta-

attaquer : un Ingénieur lui repréfenta que s'il vouloit attendre deux Jours, il pourroit pratiquer un chemin par lequel on pourroit amener de l'Artillerie ; mais un Efpion ayant rapporté que huit bataillons étoient en pleine marche, & devoient arriver le lendemain pour renforcer les *Piemontois*, qui étoient dans les Retranchemens, le Chevalier de *Bell'ifle* jugea qu'il feroit dangereux de differer l'attaque, & il fortit de fon Camp le 19 Juillet à trois heures après - midi, pour marcher aux Rétranchemens des *Piémontois*. La pofition des Ennemis étoit fi refpectable qu'ils ne purent être entamés d'aucun côté : les *François* furent foudroiés par la Moufqueterie & par les Pierres ; M. *d'Arnaud* Maréchal de Camp, M. de *Grille* Major Général de l'Armée, le Comte de *Goas* Colonel du Régiment de Bourbonnois, le Comte *d'Onges* Colonel de celui de *Saintonges*, & le Marquis de *Brienne* Colonel de celui d'*Artois*, y perdirent la vie ; prefque tous les Officiers de l'Etat Major des autres Régimens, eurent le même fort ; le feul Régiment de *Guife* compofé d'un Bataillon, ayant des Officiers detachés le même jour, en laiffa quatorze fur le champ

de

de bataille ; le Prince *Lorrain*, Colonel de ce Régiment, qui avoit mis le 18 Juin précédent un terme à ses jours (*), auroit dû suspendre ce projet; car il auroit péri un mois plus tard les armes à la main.

Cet échec fit réculer l'Armée *Françoise* jusqu'à *Guillestre*, où Mr. *d'Argonges*, comme plus ancien Lieutenant-Général de cette division, établit son quartier, en prenant le Commandement de cette petite Armée.

Le Maréchal de Bell'isle attendoit impatiemment un courrier de son Frère, lorsqu'il reçut du Comte de *Mailli* & du Marquis de *Villemur* la lettre fatale qui l'informoit des desastres essuiés à *l'Assiette*, & de la mort de son Frère, qui, puisqu'il faut le dire, se fit tuër pour ne point survivre à une action imprudente; le *Chevalier de Bell'isle* voiant par lui-même

me

(*) Il se tua d'un coup de pistolet au Camp de *Tournû* dans la vallée de *Barcelonette*. Le Chevalier *d'Allemand*, Major du Régiment de *Guise*, m'a dit, qu'on avoit trouvé dans une des poches de la robe de chambre du Prince un billet contenant ces mots; *Las de traîner un grand Nom, j'ai jugé à propos de mettre fin à ma carrière.* C'est perdre le Courage & l'esprit en même tems.

me la perte immenſe qu'il avoit faite,
arracha un Drapeau des mains d'un En-
ſeigne qu'il planta ſur le bord du retran-
chement en criant *à moi braves enfans!*
un coup de fuſil lui caſſa le bras dans le
moment, & dans le tems que cet acci-
dent l'obligeoit à deſcendre de Cheval,
il en reçût un ſecond à la tête qui le fit
tomber mort. Le Maréchal de Bell'iſle
frappé de cette fâcheuſe Nouvelle ſe
jetta ſur la table où il écrivoit, la tête
appuïée ſur ſes mains, & après avoir été
dans cette attitude pendant deux heures, il ſe reléva en *Romain*, & dit à Mr.
Patiot Commiſſaire des Guerres & ſon
premier Sécrétaire, qu'il honoroit avec
raiſon de ſa Confiance intime: *je n'ai
plus de Frère, mais j'ai une Patrie, tra-
vaillons pour la ſauver.* En effet il paſſa la
nuit à dicter des ordres relatifs à la conſervation du *Dauphiné*, dont la garde
venoit, par Droit d'ancienneté, d'être
remiſe à Mr. *d'Argonges*, Lieutenant
des Armées.

Mr. de *Briqueraſque* Général *Piémontois*
qui commandoit dans les Rétranchemens, content de ſon Triomphe, ne
profita pas des avantages qu'il auroit pû
en retirer; car il n'eſt pas douteux que
mar-

marchant le vingt aux *François*, qui n'auroient pû tenir dans *Guillestre*, Place ouverte, ils se seroient retirés dans *Mont-
Dauphin* ou dans *Embrun*.   La premiere
de ces Places peut soutenir un Siège,
mais elle n'étoit pas approvisionnée, &
il n'y avoit que quatre Canoniers; aussi
Mr. *de Béan* qui y commandoit, écrivoit-
il au Maréchal de Bell'isle: , *Je suis
dans une Place où l'on peut faire une deffense honnête, si on la met en état; mais elle
est dans un delabrement qui me deshonorera,
si les Piémontois s'avisent de l'attaquer a-
vant qu'on ne la repare.* Embrun étoit dans
une plus mauvaise situation, & ces deux
Places, les boulevards de la *France* du
côté des *Vallées du Piémont*, avoient entre elles pour toute garnison le Régiment de *Tournaisis*, un Bataillon de Milice de *Bodez*, & le Régiment de *San-
terre*, qui n'existe plus.

Ceux qui ont blâmé Mr. de *Briqueras-
que*, de n'avoir pas profité de toutes ces
circonstances qu'il ne pouvoit ignorer,
n'ont pas sû qu'il s'étoit conformé aux
intentions du Roi son Maître, qui voulut dans toute cette Campagne montrer
une grande moderation, d'autant mieux
placée que les Ennemis, Maîtres de *Nice,*

ce, auroient pû ruïner ce riche & riant Comté.

Le Roi de *Sardaigne* parut affligé de sa Victoire, il refusa même d'en reçévoir des félicitations publiques: il pleura sur le sort des vaincûs; & s'il fit chanter *le Te Deum*, ce fut moins par ostentation que pour suivre l'usage des Souverains, usage que les Critiques desaprouvent, parceque disent-ils, c'est *rendre graces à Dieu des maux dont les hommes remplissent la Terre.*

Les *Piémontois* n'entreprirent rien pendant le reste de cette Campagne; & les *François* campés sous *Guillestre*, y furent aussi tranquilles que dans un Camp de plaisance.

Les Politiques bavardèrent beaucoup sur l'Affaire de *l'Assiete*; ceux qui ne jugent de la beauté des projets que par les suites heureuses de l'exécution, condamnèrent le Maréchal de Bell'isle & le Chevalier son Frère; on les chansonna, on les injuria; mais tous ces Vaudevilles, enfans de la folie & de la légèreté, ne prouvèrent pas, car quelque malheureuse qu'eût été cette affaire, elle sauva *Gènes*, par la diversion du Roi de *Sardaigne*, qui laissant Mr. de *Schulenbourg*

bourg feul, le mit dans le cas d'aban-
donner l'Expédition qu'il avoit commencée.

Le feul tort qu'on pourroit imputer
au Chevalier de *Bell'ifle*, (car le Maréchal n'en eut aucun, fon projet étant le
plus beau du monde), feroit de n'a-
voir pas attendu que les chemins par
lefquels le canon pouvoient paffer, fuffent achevés; mais le rapport de l'Efpion, qui étoit très vrai, lui annonçoit
pour le lendemain un Renfort de huit
bataillons qui venoient joindre le Commandant Ennemi, Mr. de *Briquerafque*;
cette confideration & le Zèle des Troupes qui ne demandoient qu'à marcher,
ne peuvent qu'excufer un Général plus
malheureux que coupable.

Le Maréchal de Bell'ifle ayant dirigé
la conduite que Mr. *d'Argonges* devoit
tenir, pour empêcher les *Piémontois* de
reprendre en *Dauphiné* les avantages
qu'ils avoient négligés, reparût en public avec cette férénité que la Sageffe
& la grandeur d'Ame confervent au milieu des Evénémens les plus fâcheux: fa
fermeté philofophique fut traitée d'in-
fenfibilité, comme s'il n'étoit pas permis à un *François* d'avoir une Ame *Ro-*
maine,

maine, & ceux que la baſſe jalouſie animoit contre lui, portèrent l'impudence
juſqu'à dire, *que ne pouvant rien par lui-
même, ſa reputation tomboit avec ſon Frère, qui juſques-là avoit tout fait.*

C'eſt ainſi que la Calomnie croit ternir le Vrai-merite, & attaquer les Grands-
hommes. Le Maréchal de Bell'iſle repondit à toutes ces invectives par de
nouveaux Plans, qui ſauvèrent la *Provence*, & accélerèrent la Paix : Les
Actions des hommes font leur Apo-
logie, & la Satire des ſots qui les inju-
rient, tombe enfin à leurs pieds.

Le Maréchal de Bell'iſle, maître de
Vintimille, ſavoit que ce Château, dans
lequel il n'y avoit des vivres que juſqu'au
mois de Decembre, demandoit d'être
ravitaillé, mais cette opération n'étoit
pas facile ; les *Anglois* tenoient la Mer,
& empêchoient par-là que l'Armée mar-
chât par ſa droite, parceque les *François* en prenant cette route auroient été
obligés de côtoier la Mer, & ils ſe feroient par conſequent expoſés à eſſuïer
le feu des vaiſſeaux Ennemis; la Gauche fourniſſoit un chemin moins penible, mais devenu cependant plus dangereux encore que l'autre, parceque les
Pie-

Piémontois & les *Autrichiens* occupoïent la partie de *Lantofca*.   Il n'étoit pas poffible de marcher là fans rifquer une affaire, qui auroit pû être favorable aux Ennemis, parcequ'ils avoient l'avantage de la pofition; mais la chute des Neiges, que le Maréchal de Bell'ifle attendoit avec impatience, obligea enfin les ennemis de fe retirer de *Lantofca*: il profita de cet Evénément; & le 18 Octobre, en faifant faire à minuît un mouvement decifif à fon Armée, il culbuta quelques poftes avancés des *Piémontois*, & foumit par Capitulation ceux qui étoient dans *Caftillon*.

Le Maréchal de Bell'ifle réuni avec les *Efpagnols* fe porta le 19 de fa perfonne à *Meuton*, où *Don Philippe* & le Marquis de *Las-Minas* fe rendirent auffi. Le 20 on marcha en avant pour attaquer les Ennemis, qui occupoïent en force quelques poftes en deça de la *Roia*; mais ceux qui attendirent les Armées combinées furent écrafés, & obligés de repaffer cette petite Rivière avec perte. Le même jour avant midi le Château de de *Vintimille*, qu'il étoit effentiel de conferver pendant l'Hiver, fut ravitaillé

P   *dans*

dans toutes ſes parties, & la garniſon en fut augmentée.

Après quelques autres petits ſuccés qui furent le fruit de cette Marche, l'Armée revint vers le Comté de *Nice*, & les Eſpagnols s'en ſéparèrent alors pour prendre la route du *Languedoc*, où on leur avoit aſſigné des quartiers d'hiver. Le Maréchal de Bell'iſle ayant fait toutes ſes diſpoſitions pour aſſurer ceux de ſon Armée, remit le Commandement des Troupes au Marquis de *Mirepoix*, depuis Duc & Maréchal de *France*, & partit pour ſe rendre à la Cour, à l'effet d'y concerter les opérations de la Campagne de 1748, qui, graces à la ſage modération de *Louïs XV*, fut la dernière de cette Guerre.

Le Maréchal de Bell'iſle arrivé à *Verſailles* y fut reçû du Roi avec toutes les marques de diſtinction qu'un Monarque, juſte appréciateur du vrai-merite, accorde aux talens; & les Eloges de Louïs en impoſerent à la Satire.

Tout l'hiver de 1748. fut employé à des projets de Campagne & à des Plans de Paix. Le Maréchal de Bell'iſle toujours conſulté, travailla à ces différen-

tes

tes opérations ; & le Maréchal de *Saxe,* qui ne se prévaloit ni de ses succés ni de ses connoissances , en appella plus d'une fois au jugement d'un Collégue qu'il n'aimoit pas, mais qu'il estimoit.

Le Roi créa dans le même tems le Maréchal-Duc de Bell'isle *Pair de France ;* cette distinction étoit une preuve incontestable de la satisfaction que Sa Majesté avoit des services de ce *Héros-Citoien,* qualité rare dans un païs où le mot de *Patrie* étoit devenu un terme que la molesse efféminée des mœurs de la Nation a presque rendu barbare... Mais que dis-je ? ce qui se passe aujourd'hui en *France* me dément. . . Critiques ! arrêtez ; je parle de ce qui se passoit il y a quatorze ans , & je puis justifier par l'exemple de la multitude ce que je dis à ce sujet. J'avoüe que depuis que l'esprit de Patriotisme ranime les *françois,* ils se montrent plus que jamais vraiement citoiens , & que le goût des choses frivoles qu'on a reproché si longtems à notre Nation, commence à être sacrifié à l'amour de l'utile ; mais il faut convenir aussi, qu'on doit une bonne partie de ce changement, aux sacrifices que *Louis XV.* vouloit faire pour soulager ses

peu-

peuples, en leur procurant la Paix aux
depens de ses possessions les plus legitimes ; possessions dont l'*Anglois* ne peut
plus espérer la propriété, pour avoir refusé maladroitement des conditions honnêtes & glorieuses. Mr. *Pitt* a réellement les talens qui rendent un Ministre
respectable : mais qu'il souffre, que m'ho-
norant à ce moment du titre d'*Anglois*,
je lui parle avec la noble franchise de
cette Nation estimable à tant d'égards,
& que je lui dise, qu'ébloui par les succés passagers des Armées *Britanniques*, il
n'a pas assez pénétré dans l'avenir ; & que
son inflexibilité jusqu'à ce que *la Tour de
Londres fût emportée l'epée à la main*, lui
a fait rejetter une Paix dont le refus fera seurement le malheur de *Grande - Bretagne*, & ôtera une Epoque flateuse au
Regne de *Georges III*, Prince digne de
regner sur un peuple aussi courageux &
aussi citoien que l'*Anglois*.

Le *François*, éclairé par la sage Politique du Duc de *Choiseul*, sur les Négociations relatives à la Paix que l'on pro-
jettoit de faire l'Eté dernier avec l'*Angleterre*, a gémi dans l'ombre du silence
sur la bonté de *Louïs XV*, offrant le *Ca-
nada* & quelques autres possessions utiles,

les, pour tirer ſes peuples du mal-aiſe où la Guerre réduit même celles des Nations qui ſont Victorieuſes. De pareils ſacrifices ont occaſionné des réflexions dont le réſultat a été un cri unanime de toute la Nation, qui veut qu'on continuë la Guerre, ou qu'on obtienne une Paix honorable ; les *ſouſcriptions*, dont les *Anglois* ſont les premiers Auteurs, ſe multiplient, & nous verrons bientôt une *Marine* reſpectable diſputer l'Empire de la Mer à ceux qui veulent ſe l'approprier, & ramener ces tems heureux où le Pavillon *François* étoit reſpecté ſur les deux Mers : les vœux des *François*, l'amour qu'ils ont pour leur Roi, & que les derniers procedés de ce Monarque avec ſes Ennemis auroient augmenté, s'il pouvoit reçevoir de nouveaux accroiſſemens, & la Confiance que toute la Nation a pour le Miniſtère qui veille aux deux Départemens importans de la *Guerre* & de la *Marine*, ſont les Ennemis les plus redoutables que les *Anglois* doivent craindre ; leurs reſſources ſont grandes, mais elles ne ſont pas inépuiſables, & la Diverſion que l'*Eſpagne* va occaſionner, doit promettre les plus grands ſuccès à la *France*. La Paix ſeroit

P 3

ſans

fans doute préférable aux triomphes les plus glorieux ; mais en attendant cet Evénément, parlons de celle que *Louis XV* donna à l'Europe en 1748.

Toutes les difpofitions pour l'ouverture de la Campagne de cette année, étant faites, les Ennemis qui avoient rompû le Congrès de *Breda*, le reprirent dès le mois de Mars à *Aix-la-Chapelle*. Cependant le Maréchal de *Saxe*, dont les Négociations pacifiques n'arrêtoient point les projets, affiégeoit *Maeftricht*, tandis que le Maréchal de Bell'ifle arrivé dans le Comté de *Nice*, alloit exécuter un Plan qui l'auroit à-coup-feur rendû Maître de *Turin*. Le Siége de *Maeftricht* inquiéta les *Hollandois*, qui voïant tous les Differens prêts à être terminés, aimerent mieux livrer cette Place que de la facrifier entièrement ; & après quelques pourparlers touchant la Capitulation, les *François* entrerent dans *Maeftricht* le fept Mai. La fignature des Préliminaires qui fuivit de près, fit mettre bas les armes à toutes les Parties Belligérantes. Le Maréchal de Bell'ifle alloit fe mettre en marche, lorfqu'un Courrier de la Cour lui apporta l'ordre de ceffer les Hoftilités.

La

La Paix fut concluë definitivement au mois d'Octobre suivant ; & le Roi Très-Chrétien justifia dans ce Traité ce qu'il avoit dit en commençant la Guerre, *qu'il ne vouloit rien pour lui:* toutes les Conquêtes faites en *Flandres* & dans le *Brabant* furent renduës.

Par l'Article VIII de ce Traité de Paix, il fut convenu, que 15 jours après la ratification des objets convenûs & arrétés par les Ministres-Plénipotentiaires des Parties Contractantes, on tiendroit un Congrès à *Nice*, à l'effet d'y regler les Restitutions, Prises de possession & les Equivalens relatifs. Le Maréchal de Bell'isle présida pour la *France* à ce Congrès, où le Roi d'*Espagne*, celui de *Sardaigne*, la Republique de *Genes* & le Duc de *Modene* envoierent leurs Plénipotentiaires respectifs.

Cette Assemblée, dont le Maréchal de Bell'isle fut l'ame, dura pendant quelque tems, & ne lui permit de revenir en *France* que dans les premiers mois de l'année 1749, emportant l'estime de l'*Espagne*, la veneration des *Piemontois* & la confiance des *Genois*.

Le Maréchal de retour à la Cour, par-

P 4

tagea

tagea fes momens entre les affaires de l'Etat & les foins de fon Gouvernement, qu'il ne ceffoit d'embellir ; occupé à difcuter tous les projets qu'on lui préfentoit, il ne prenoit aucun repos que dans le tems où la belle faifon l'amenoit à *Gifors*, ou à fon fuperbe château de *Biffy*, fitué à la gauche de *Vernon* en allant de *Paris* à *Rouen*. C'eft dans ces deux Campagnes, que Cultivateur & Philofophe, il étudioit la Nature, & mettoit la derniere main à fes *Memoires*, qu'on nous promet, & que nous ne tarderons point de publier, d'abord que nous les aurons reçus.

Le Maréchal de Bell'ifle avoit moins de litterature que fon Frere, mais il avoit le goût feur, & il joignoit beaucoup de lecture à l'amour du beau ; ce furent ces dons affez rares dans un Militaire, qui engagerent le Maréchal de Bell'isle de folliciter une place à l'Academie *Françoife*. Mr. *Amelot*, Miniftre des Affaires Etrangères & Membre de cette Compagnie, venoit de mourir ; le Maréchal fut unanimement élû pour remplir fa place. Le difcours qu'il prononça à cette occafion eft un chef-d'œuvre ;

il

il y regne par-tout une éloquence noble qui n'a point cet air *lêché* (*), qui auroit peu convenû à l'ouvrage d'un Guerrier; on y admira surtout l'éloge du Cardinal de *Richelieu*, qu'il est d'autant plus difficile de louër d'une manière neuve, que depuis 120 ans on a composé aumoins 400 panegyriques de cet Illustre fondateur de l'Académie *Françoise*, qui conjointement avec la *Sorbonne* (†) fera passer son nom à l'immortalité, & le célébrera plus dignement que la prise de *La Rochelle* & les autres Evénemens de son Ministère.

Ce discours ne fut pas le seul que le Maréchal de Bell'isle prononça dans l'Academie *Françoise*: lorsque le Comte de *Bissi*, connû par son excellente traduction

(*) Terme de Peinture, qu'on emploie en parlant d'un tableau qui sent le travail & l'apprêt.

(†) On sait qu'il fit de la *Sorbonne* le superbe Edifice qu'on voit aujourdhui, mais jamais il ne put obtenir qu'elle portât son nom. Son tombeau, ouvrage précieux du célébre *Girardon*, est dans l'Eglise. Lorsque le Czar *Pierre I.* alla le voir, il s'écria; *Ah grand homme, si tu vivois encore, je te donnerois la moitié de mon Empire, pour apprendre de toi à Gouverner l'autre.*

tion du *Patriotifme*, ayant été élû pour remplir la place que la mort de l'Abbé *Terraffon* faifoit vacquer, le Maréchal fe trouva obligé en qualité de Directeur, de répondre au Difcours du nouvel Academicien, & il a rempli ce devoir avec une vérité élégante, qui lui mérita tous les applaudiffemens de l'Affemblée.

Ses occupations (toujours variées quoiqu'elles n'euffent qu'un objet, qui étoit le Bien de l'Etat), ne lui permettoient point d'être affidû à l'Academie *Françoife* : Cependant il étoit affez exact aux Receptions ; & fon goût éclairé l'avoit rendû difficile au point, qu'il n'accordoit fon fuffrage qu'aux Ouvrages vraiement eftimables.

Le Maréchal de Bell'isle qui ne pouvoit être oifif, vifita en 1756, par ordre du Roi, les côtes du Royaume, & la plûpart des Places importantes. Ce fut lui qui donna l'année fuivante le Projet du Siége de *Minorque*, Evénement mémorable qui n'honorera pas la mémoire de Mr. *Blakeney*, malgré la ftatuë qu'on lui a érigée à *Dublin*.

Le premier Fevrier 1757, le Roi mécontent de deux Miniftres qu'il honoroit d'une confiance particulière, les exila ;

Mr.

Mr. de *Machault* Garde des Sçeaux & Controleur Général des Finances, fut relegué à quelques lieuës de *Paris*, & Mr. d'*Argençon* Miniftre de la Guerre, fut exilé en *Poitou*. La disgrace du Comte d'*Argençon* fit vacquer le Departement de la Guerre; mais comme le Marquis de *Paulmi* fon Neveu lui étoit adjoint, le Roi lui confia cette partie délicate du Miniftère, qu'il adminiftra pendant une année; le Maréchal de Bell'ifle le remplaça & fit voir que ce Departement important ne devoit jamais être occupé que par des Militaires.

Le Maréchal de Bell'isle eut à foutenir les Troupes & à veiller à leur entretien dans les circonftances les plus difficiles, & fi les Lettres dont nous parlerons bientôt, lui ont fait des Ennemis, elles font beaucoup d'honneur à fon zèle pour l'Etat, à fon amour pour le Roi, & à fa façon de penfer fur le Militaire.

Je ferois un volume fi je voulois donner un fimple Extrait de toutes les Ordonnances fages & utiles, qui ont été publiées pendant les trois années de fon Miniftère: Le defordre & l'indifcipline étoient dans les Armées, lorfqu'il fut

char-

chargé du Departement de la Guerre ; inftruit des abus, il les réforma, & il remédia autant que les circonftances purent le lui permettre, aux malheurs fucceffifs qui accompagnerent les armes *Françoifes* en *Allemagne*. On lui a imputé des fautes ; mais toutes celles qui ont été commifes, & dont je laiffe le détail immenfe à la Pofterité, font celles des Généraux, & non pas les fiennes : Il donnoit des ordres précis, il eft vrai, mais par une fatalité néceffaire, il fubordonnoit fes vuës à ceux à qui il écrivoit, & les difpofitions faites à *Verfailles* changeoient alors, parce qu'on eft toujours jaloux de travailler d'après foi. Ce changement, & le mauvais fuccès des opérations, étoient-ils l'ouvrage du Maréchal de Bell'isle? je foutiens que non.

Le Maréchal de Bell'isle furchargé d'occupations importantes, ne perdoit de vuë aucun des vaftes objets de fon Miniftère : inftruit que plufieurs Officiers munis des Paffeports du Prince *Ferdidinand*, étoient revenus en *France* après la Capitulation, faite un peu trop complaifamment à *Minden* le 14 Mars 1758, leur ordonna de retourner fur le champ

à

à leurs Corps prisonniers dans l'*Electorat d'Hanovre*, afin d'y veiller à l'entretien & au soulagement du Soldat. Il falloit cette fermeté pour ramener la Discipline.

Le Maréchal de Bell'isle enfin accablé de travail, supplia le Roi de lui donner le Marquis de *Cremille* pour adjoint ; cet Officier Général avoit servi longtems dans l'Etat Major, & les parties détaillées de ce Service lui ont donné un expérience qui ne pouvoit être que très utile au Ministre de la Guerre, auquel le Marquis de *Cremille* étoit cependant subordonné, comme il l'est aujourd'hui au Duc de *Choiseul*.

Voici la Lettre que le Maréchal de *Bell'isle* addressa à cette occasion à tous les Officiers Généraux, Commandans de de Placés, & Colonels.

„*Versailles, ce 20 Avril 1758.*

„ *Le Roi, en me confiant, Monsieur,*
„ *la Charge de Sécrétaire d'Etat au Dépar-*
„ *tement de la Guerre, a bien voulu me fa-*
„ *ciliter les moiens de remplir plus aisément*
„ *dans toute leur étenduë, les Fonctions de*
„ *cette Charge. Le parti que Sa Majesté*
„ *a jugé devoir prendre a été, de nommer*
„ un

” un Officier Général, dont les talens, les
” lumières & l'expérience lui fussent parti-
” culièrement connûs, pour m'aider dans un
” Ministére dont les détails font extrême-
” ment étendûs, pour pouvoir signer, au
” lieu de moi, la plûpart des expéditions con-
” concernant la Guerre, & pour travailler
” même avec Sa Majesté, lorsque les cir-
” constances l'exigeroient : son choix s'est
” porté sur Mr. de Cremille, dont aucun
” Militaire ne peut ignorer le mérite.

” Comme l'application continuelle que je
” dois aux objets les plus importans, ne me
” permettra pas toujours de traiter les affai-
” res avec vous, ni même de vous mander
” les décisions ou les volontés de Sa Majesté,
” son Intention est, que tout ce que Mr. de
” Cremille pourra vous en écrire, ait, à
” tous égards le même effet, que si je vous en
” avois écrit moi-même, & que de votre cô-
” té vous puissiez vous addresser à lui dans
” toutes les cas ; il me fera part de l'objet
” de vos Lettres & de vos Mémoires, & ce
” sera comme si vous vous étiez addressé di-
” rectement à moi-même.
” J'ai l'honneur d'être &c.

Le Maréchal Duc de Bell'isle.

Ce

Ce Miniftre, à qui on fe plaifoit à prê-
ter des vuës de Réforme & d'Innova-
tion, daignoit détruire les faux bruits
que les Ennemis de fa gloire faifoient
courrir.   A en croire ces Nouvelliftes
obfcurs, tantôt il alloit fupprimer la *Gen-
darmerie*, tantôt il reformeroit les *Grenadiers de France* ; ce fut à l'occafion de ce
dernier bruit qu'il addreffa la Lettre fuivante, au feu le Marquis de *St. Pern*,
Lieutenant-Général & commandant en
Chef le Corps valeureux & brillant des
Grenadiers de *France*: elle eft du 21 du
même mois que celle que nous venons de
rapporter.

„ *Il n'y a rien de plus mal fondé, Mon-*
„ *fieur, que les bruits que vous me marquez*
„ *s'être répandûs à l'Armée d'une prochaine*
„ *Reforme du Corps des Grenadiers de Fran-*
„ *ce: Je fais avec quelle diftinction ce Corps*
„ *a fervi pendant la Campagne, & je fuis*
„ *trop bien informé de fa compofition & de ce*
„ *qu'on peut fe promettre du bon efprit qui*
„ *y regne, & du foin que vous prenez de l'y*
„ *entretenir, pour que je ne vous feconde*
„ *pas à exciter l'émulation de fi braves gens;*
„ *bien loin de vouloir leur infpirer du décou-*
„ *ragement. Vous pouvez donc être affuré,*
„ *Mon-*

„ *Monſieur, que je ſuis diſpoſé à concourrir*
„ *à tout ce que vous aurez à me propoſer*
„ *pour le rétabliſſement de ce Corps.*
„ *J'ai l'honneur d'être &c.*

LE MARÉCHAL DUC DE BELL'ISLE.

Tous les momens de ce laborieux Miniſtre étoient emploiés au bien-être des Troupes & au rétabliſſement de la Diſcipline. Pluſieurs Officiers-Généraux, qui par épargne, ne portoient preſque plus leurs *Uniforme brodés*, furent contraints de ſe ſoumettre à l'Ordonnance ; mais pour leur faciliter les moiens d'obéïr aux intentions préciſes de Sa Majeſté, il introduiſit un ſecond habit appellé le *Petit Uniforme* brodé dans le goût du grand, mais dont le prix ne fait que la quatriéme partie de celui-ci. Le Faſte qui regnoit dans les Armées, attira l'attention du Maréchal de Bell'isle, & non ſeulement il ſupprima la Vaiſſelle d'argent, la Porcelaine & la Fayance, mais il régla le nombre des couverts que les Officiers Généraux devoient avoir, & tel que *Licurgue* à *Lacedemone* il fixa les plats qu'on pourroit ſervir. Il parvint, par cette ſage prévoiance, à bannir des Armées
mées

mées ce Luxe faftueux, plus digne de la molefſe des *Cibarites* que des defcendans des auftères *Gaulois*.

Le Service me ruine, crïe un Officier qui vient de vendre une Terre pour entrer en Campagne ; Erreur ! le Service de *France*, (le plus agréable de tous, parceque le dernier des Sous-Lieutenans a l'avantage de faire la partie de fon Général & de manger avec lui, agrémens que l'étiquette *Allemande* ne procure pas), ce Service ne ruïne que ceux qui veulent afficher une vanité ridicule & une oftentation deplacée : le traitement des Officiers Généraux, des Colonels & des Capitaines pourroit les faire vivre en Campagne, s'ils vouloient ne point affecter un fafte inutile. Je fais qu'il y a des cas où un Equipage pris, ou la defertion ou la mort peuvent apporter de grands dommages aux uns & aux autres ; mais la Cour n'eft jamais inftruite de ces pertes qu'elle ne les répare, au-moins en partie.

Un autre Reglement très utile, qu'il fit pafſer au Confeil de Sa Majefté le 29 du même mois, fut celui qui concerne la Nomination aux Regimens : on avoit eu jufques-là trop de facilité dans la difpen-

Q

penſation qu'on en faiſoit, & le fils d'un
Duc & Pair ou d'un homme de Condition
placé à la Cour, étoit ſeur d'être Colonel à l'age de douze ans; c'eſt ce que par
dériſion on appelloit les *Colonels à la Ba-
vette*.   Mr. de *Voltaire* eſt le ſeul Poëte
qui ait ôſé fronder ce ridicule abus ſur le
Théâtre, lorſqu'en 1725. il fit dire au
héros de ſa Comédie de l'*Indiſcret* (*) :

Colonel à quinze ans, *je penſe avec raiſon,
Que l'on peut à* trente ans *m'honorer du*
     bâton.

   Le Maréchal de Bell'isle, perſuadé
qu'il faut avoir obéï avant que de commander, propoſa au Roi de décider,
qu'à l'avenir perſonne ne pourroit prétendre à commander un Regiment, *qu'a-
près ſept ans de ſervice, dont deux en qualité de Lieutenant ou de Cornette, & cinq
comme Capitaine dans l'Infanterie, la Cavalerie ou les Dragons.*
   L'Idée du Maréchal fut ſaiſie comme
elle devoit l'être.   C'eſt en conſequence
                                    des

____

(*) On connoît le perſonnage que Mr. de
de *Voltaire* voulut peindre; c'eſt pourquoi nous
ne le nommerons pas.

des principes inébranlables dans lesquels Mr. de Bell'isle étoit, qu'il écrivit au Duc de *Broglio*, aujourd'hui Maréchal, qui follicitoit après la Bataille de *Berghen* un Regiment pour le Marquis d'*Antichamp*, fon parent & un de fes Aides de Camp, dont on peignoit la fermeté qu'il avoit montrée dans plufieurs affaires: *Les batailles agguériffent les jeunes gens, mais elles ne les forment pas.*

Mr. le *Dauphin*, qui honore le Maréchal de *Broglio* d'une bonté particulière, parla du merite du jeune Marquis d'*Autichamp* à Mr. de *Bell'ifle*; mais ce Miniftre rendit raifon de fon refus à ce Prince; & Mr. le *Dauphin*, qui fait toujours ceder fon crédit aux chofes raifonnables, n'infifta point. Tel eft l'efprit bien faifant & éclairé de ce Prince: il aime à protéger le merite; mais quelque poids qu'ayent fes Recommandations, il les fubordonne dans tous les tems à la poffibilité & à la juftice, qui eft le principe immuable de toutes fes demarches: On voit aifément que pour penfer ainfi, l'héritier préfomptif de la Couronne n'avoit point à chercher de modèles dans l'Antiquité; l'exemple de fa conduite eft fous fes yeux, & il ne le

 doit

doit ni aux Héros de l'Histoire ancienne, ni aux Nations étrangères.

Le Comte d'*Argençon* avoit réuni le *Genie* au Corps Roial d'*Artillerie* ; le Maréchal de Bell'isle les separa. Le Reglement qu'il fit approuver à ce sujet, introduisit une administration nouvelle dans l'Artillerie : beaucoup d'Officiers déplacés en murmurement ; mais le tems qui mûrit les Ecrits ainsi que les réputations, en fera sentir l'utilité.

Les soins importans d'une Guerre sanglante, ne faisoient pas perdre de vuë au Maréchal de Bell'isle, les divers abus qu'une tolérance extrême avoit glissés dans les Corps ; ce fut pour y remédier, qu'après avoir augmenté la paye & la subsistance du Soldat & les appointemens des Officiers, qui augmentoient à mesure qu'ils acqueroient un Rang, qu'il écrivit dans les derniers jours du mois de Mai, la *Circulaire* suivante à tous les Colonels. Nous la raportons ici avec d'autant plus de plaisir, que nous la regardons comme un monument digne de passer à la Postérité.

LET-

LETTRE *Circulaire du* MARÉCHAL Duc de Bell'isle *à tous les Colonels d'Infanterie au Service du Roi.*

„ DEPUIS *que le Roi m'a confié le dé-*
„ *partement de la Guerre,* Mon-
„ fieur, *vous ne doutez, pas que je ne fois*
„ *ferieufement occupé de remédier à toutes*
„ *les caufes du Relâchement exceffif de la*
„ *difcipline dans prefque tous les Corps &*
„ *les parties. Une des principales fans dou-*
„ *te eft la vénalité des Emplois & des Char-*
„ *ges, qui s'eft introduite fous plufieurs for-*
„ *mes dans l'Infanterie, & qui y produit les*
„ *abus les plus pernicieux, & les plus de-*
„ *ftructifs de toute Emulation: en effet, de*
„ *là vient que les anciens Officiers dont l'ex-*
„ *périence pourroit être encore utile au Ser-*
„ *vice, prennent le parti de fe retirer, fé-*
„ *duits par l'appas des fommes qui leur font*
„ *offertes; que les anciens Lieutenans,*
„ *quoique bons fujets, ne peuvent efperer de*
„ *parvenir aux Compagnies, s'ils ne font*
„ *en état de les acheter; & que la Noblef-*
„ *fe, cette portion fi précieufe de l'Etat,*
„ *dont elle doit être la force & le foutien,*

Q 3

„ *fe*

,, se trouve excluë des Emplois auxquels el-
,, le est appellée par sa Naissance, si le
,, deffaut de fortune l'empêche d'acheter à
,, prix d'argent, les places qu'elle recherche
,, dans l'intention d'y témoigner son Zèle.

,, De-là ces Mutations si fréquentes dans
,, la composition des Officiers de chaque Ré-
,, giment, ces Avancemens qu'une aisance
,, plus ou moins grande détermine, sans é-
,, gard au mérite des anciens, & ce mélan-
,, ge de sujets introduits dans les Corps au
,, préjudice de la Noblesse, par l'argent qu'ils
,, ont donné pour y être admis.

,, De-là enfin la négligence des Anciens
,, Officiers, plus excités par l'intérêt à pen-
,, ser à la retraite, que par l'émulation à
,, s'occuper du Service; le mépris de la Su-
,, bordination qui n'est pas soutenuë dans
,, l'opinion des Inférieurs par l'autorité des
,, anciens, & la décadence de la Discipline
,, qui est une suite nécessaire du mépris de la
,, Subordination.

,, Il seroit difficile que ces Abus se fus-
,, sent accrédités au point où ils le sont ac-
,, tuellement, sans le concours des Chefs des
,, Corps, & Sa Majesté ne juge pas que,
,, pour disculper à cet égard un Colonel, il
,, suffise qu'il n'applique pas à son profit les
,, som-

„ fommes exigées ; le Roi ne peut fe per-
„ fuader qu'un Colonel foit capable d'une
„ manœuvre auffi baffe (*) ; il le regar-
„ deroit comme tout à fait indigne d'occu-
„ per une Place, où ne pouvant avoir l'ef-
„ time de ceux qu'il commande, il manque-
„ roit infailliblement de la confideration
„ néceffaire pour commander.

„ Mais il eft évident que les Corps étant
„ à portée de démêler les motifs de ces ré-
„ traites qu'on leur propofe de favorifer, il
„ depend d'eux d'empêcher les Conventions
„ particulières qui les provoquent, puif-
„ qu'ils ne doivent rien ignorer de ce qui fe
„ paffe pour ou contre le bien du Service
„ dans les Régimens qu'ils commandent : ce
„ ne peut être qu'avec leur agrément, ou
„ du moins leur Confentement tacite, que
„ la vente des Emplois s'introduife & fe
„ maintienne ; & je dois vous avertir,
„ Monfieur, que Sa Majefté les regarde-
„ ra deformais comme refponfables de ce qui
„ fe pafferoit fur cela de contraire à fes In-
„ tentions. Sa Majefté a tellement à cœur
„ l'exécution de fes ordres à ce fujet „qu'El-
„ le

(*) J'en connoiffois cependant plufieurs a-
vant la publication de cette lettre, qui ne vi-
voient que de la vente des Emplois.

Q 4

„ le m'a déclaré, que si un Colonel conti-
„ nuoit de tolerer des Abus qu'Elle veut dé-
„ raciner, Elle prendroit le parti de lui ôter
„ sur le champ son Regiment ; & Elle m'a
„ chargé d'emploier les soins les plus vigi-
„ lans, pour être en état de l'informer promp-
„ tement de la manière dont ses intentions
„ auront été remplies à cet égard, dans tous
„ les Corps.

    „ Vous connoissez, Monsieur, toute l'im-
„ portance de ces objets, & je ne puis vous ex-
„ primer en termes assez forts à quel point
„ Sa Majesté desire que vous y donniez
„ toute votre attention ; ainsi je ne doute
„ pas que par une suite nécessaire de votre
„ Zèle pour son service, de votre respect &
„ de votre obéïssance à ses ordres, vous n'em-
„ ployez efficacement toute l'autorité de vo-
„ tre Grade, pour empêcher que desormais
„ sous aucun prétexte, il soit donné la moin-
„ dre somme d'argent pour parvenir aux Em-
„ plois, ni pour en determiner les rétrai-
„ tes, dans le Régiment que vous comman-
„ dez.

    „ Les rétraites se sont multipliées depuis
„ quelques années dans l'Infanterie, à la
„ faveur de certains arrangemens clandes-
„ tins, qui y sont connus sous le nom de
                 „ Con-

,, Concordats (*). Il se peut que ces arran-
,, gemens aient eû dans leur origine un mo-
,, tif d'utilité, qui pourroit même trouver
,, son application dans les cas où il s'agi-
,, roit d'engager à la rétraite d'anciens &
,, braves Officiers, qui, jouïssant de l'es-
,, time de leurs Camarades, manqueroient
,, cependant des qualités requises pour les
,, places de Commandement auxquelles ils
,, sont prêts d'arriver par leur rang. Tel est
,, l'aspect favorable sous lequel on peut en-
,, visager ce qu'on appelle dans l'Infanterie
,, un Concordat; mais toute l'Infanterie
,, sait à combien d'abus il a ouvert la porte.
,, L'esprit d'intérêt substitué à celui d'Emu-
,, lation, la perspective d'une rétraite pé-
,, cuniaire preferé à celle d'un Avance-
,, ment honorable, des dettes onereuses dans
,, presque tous les Régimens, des chicanes
,, indécentes, que ces dettes occasionnent, &
,, enfin le découragement de la Noblesse pau-
,, vre,

(*) Convention qui forme ce nom, par laquelle les Capitaines & les Lieutenans d'un Régiment, s'engagent à païer une certaine somme
au Capitaine leur ancien, qui se retire; ceux
qui sont avant celui qui fait sa *retraite* ne payent
rien, parcequ'ils n'ont point de rang à attendre
de cet Evénement.

Q 5

„ vre „ qui ne peut plus entrer dans ces
„ Corps „ dont elle doit faire l'honneur &
„ la force, & dont les appointemens mê-
„ mes se trouvent consommés pour remplir
„ les Engagemens pécuniaires auxquels ils
„ doivent leurs Emplois.

„ Sa Majesté informée avec précision de
„ tous ces détails, me charge de sa part,
„ de proscrire le Concordat, sous les mê-
„ mes peines que la venalité des Emplois,
„ à laquelle il tient de si près ; mais en
„ même tems Elle voudra bien veiller aux
„ objets d'utilité qui ont été le prétexte de
„ son introduction „ & Elle se reserve de
„ faciliter, par des moiens legitimes & par
„ des Graces distribuées à propos, les ré-
„ traites qu'il sera convenable de favoriser
„ d'après le compte que les Colonels en ren-
„ dront dans chaque occasion.

„ Telles sont, Monsieur, les Inten-
„ tions decidées de Sa Majesté, qui veut ab-
„ solument bannir de l'Infanterie tous
„ Marchés pecuniaires, sous quelques for-
„ mes que ce soit, & je m'assure que vous
„ vous conformerez avec empressement à
„ des vuës si sages & si convenables au
„ bien du Service.

„ Mon attachement, & je puis dire,
„ mon amour pour le Militaire sont assez
„ con-

,, connus, pour qu'il soit aisé de sentir qu'il
,, seroit aussi affligeant qu'indispensable pour
,, moi, d'avoir à porter à Sa Majesté dans
,, cette occasion des rélations peu satisfai-
,, santes, & qui entraineroient decisivement
,, des punitions, toujours douloureuses à
,, prononcer, quelques légitimes qu'elles
,, soient.

,, On doit en même tems me rendre la
,, Justice, de compter avec certitude sur
,, l'empressement & la satisfaction que j'au-
,, rai de rendre au Roi à cet égard des comp-
,, tes favorables, qui assurent de plus en
,, plus Messieurs les Colonels, des effets de
,, l'estime & de la bienveillance de Sa Ma-
,, jesté.

,, Je finis en vous priant d'être persua-
,, dé, Monsieur, de l'impatience avec la-
,, quelle j'attens que vous me mettiez à por-
,, tée de faire valoir auprès du Roi le Zèle
,, & l'exactitude, avec lesquels vous aurez
,, concouru, dans cette circonstance, à la
,, prompte exécution de ses ordres, & au
,, rétablissement de la Discipline Militaire
,, en cette partie essentielle.

Cette Lettre, qu'on peut regarder
comme un Chef d'œuvre de Sagesse &
de Discipline, respire partout un Militaire instruit, un Ministre éclairé, une
ame

ame elevée & bienfaifante, qui aime la
Nobleffe & qui en foutient la Caufe a-
vec une chaleur tendre.

Des hommes intéreffés & injuftes s'é-
levèrent maladroitement contre le Maréchal de Bell'ifle, & ils furent fâchés
de voir un Miniftre inftruit leur enlever
la *Vénalité des Emplois* & rétablir le bon ordre.

Des Colonels mal-aifés ou trop diffi-
pans fe faifoient un Revenu de cette *mal-
tote*; j'ai vû vendre des Lieutenances
jufqu'à quinze cent livres, avec pro-
meffe de deux mille francs lorfque le Pa-
yant arriveroit à la Compagnie avant fon
tour; on fent combien de pareils procedés introduifoient d'abus. L'objet du
Maréchal de Bell'ifle a été de les réfor-
mer, & il a réuffi; les Venalités odieu-
fes n'ont plus lieu, & au moien de l'aug-
mentation d'Appointemens accordée
aux Capitaines, ils voient fans inquiétude la fupreffion des *Concordats*. Il y
auroit bien un moyen d'engager les Officiers à refter; ce feroit d'obferver dans
l'*Infanterie Françoife* ce qui fe fait chez
l'*Impératrice*-Reine: & fans aller fi loin,
dans nos Régimens fuiffes un Capitaine eft feur d'être Colonel à fon tour. Il
est

est à remarquer que je ne parle point ici du grade d'Officier - Général, qu'on confére à un Colonel d'un Régiment Suisse, qui garde son Corps malgré son élevation; cette prérogative est sagement attachée aux Régimens étrangers: mais nous avons trop de Noblesse Nationnale pour suivre en *France* l'usage observé chez les *Allemans*; & il faut pour recompenser ses services détacher les titres de Colonels des Grades superieurs, sans quoi il n'y auroit pas assez de mutation.

Tandis que le Maréchal de Bell'isle travailloit à la gloire des armes du Roi, la malheureuse affaire de *Crevelt* (dont nous ne dirons ici qu'un mot, pour suivre l'ordre Chronologique des dattes) lui enleva son fils; ce coup inattendu fut le troisième qui le frappa: il avoit perdu il y avoit quelques années Madame *la Maréchale*, femme d'une piété austére & d'un esprit profond, qui negotia elle - même pendant l'absence de son mari, des objets très importans à la *Diette de Francfort*.

Le Marquis de *Contades* eut le Commandement de l'Armée du *Bas - Rhin*, après le départ du Comte de *Clermont*.

Il se rendit à Paris pendant l'Hiver de 1758 à 59 ; le Maréchal de Bell'isle, qui l'aimoit, avoit proposé au Roi au mois d'août, de lui donner le *Bâton de Maréchal* & le Cordon de l'*Ordre du St. Esprit*, qu'il eut ensemble : M. de Contades decoré de ces deux marques de distinction, vint reprendre le Commandement de l'Armée. Les mauvaises dispositions de la Bataille de *Minden* & l'issuë funeste de cette Journée, aigrirent le peuple de Paris contre le Maréchal de Bell'isle, à qui on imputa la perte de cette Bataille. Il n'avoit qu'une chose à se reprocher, mais nous ne la dirons pas ici, on la trouve dans son TESTAMENT POLITIQUE, *Chapitre III*.

Le Maréchal de Bell'isle étoit bien éloigné de commettre les fautes qu'on lui imputoit, mais il savoit les réparer autant que les circonstances le lui permettoient. d'Attentif sur les Places du Royaume, sur les Côtes que l'Ennemi pouvoit menacer, & surtout sur les Armées d'Allemagne, il ne négligeoit rien de ce qui pouvoit intéresser un Ministre & un Citoien : indépendamment de ses occupations multipliées par les travaux né-

nécessairement attachés à sa place, & par ceux de *l'Ecole Militaire* qu'il cherchoit à augmenter & à embellir, il avoit des Correspondances dans toute l'Europe ; & sans sortir de Versailles, on peut dire qu'il étoit répandu dans toutes les Cours: il en avoit les secrets, & faisoit souvent changer le sistème des Princes d'Allemagne, étonnés que le secret de leurs déliberations fût parvenu jusqu'au Maréchal de Bell'isle, qui avoit coutume d'écrire à ses agens dans les Cours étrangères, *sachez ce qu'ils pensent, je les ramenerai à ce qu'ils doivent faire.*

L'année 1759. ne fut pas plus heureuse pour la *France* que la précédente. Le Maréchal de Bell'isle occupé du soin de ravitailler l'Armée d'*Allemagne* & du projet de faire faire une Descente en *Angleterre*, prenoit sans relâche toutes les précautions relatives à ces deux objets ; & de sages Reglemens servans à affermir de plus en plus la Discipline dans les Armées, remplissoient les heures auxquelles il ne travailloit point avec le Roi. C'est lui qui donna la même année des *Uniformes* aux *Medecins attachés aux Camps* ; il voulut leur acquerir une sorte de considération en les distinguant des

Commis de l'Armée; il alloit même obliger ceux-ci d'en prendre lorsqu'il mourut. Son dessein n'étoit pas de les honorer par-là, parce qu'il disoit, qu'il faloit *la gloire au Militaire & l'argent aux Hommes d'Affaires*; mais son projet étoit, *qu'on pût connoître à quelle partie ils étoient attachés*, pour les punir, quand ils sont insolens dans une marche, ou qu'ils usurpent dans un Village le titre de *Commissaires des Guerres*. Le Maréchal de Bell'isle voiant que les Officiers *Protestans* (*) & *Reformés* qui servoient dans ses Regimens Suisses & autres Corps Etrangers, ne pouvant avoir la *Croix de St. Louïs*, se trouvoient privés de la distinction extérieure qui caractérise le service & la valeur, proposa au Roi d'établir un Ordre sous le titre de *Merite-*

Mi-

(*) On les confond, & on a tort: Les *Lutheriens* furent nommés *Protestants* en 1529, par ce qu'ils protesterent contre le Decret fait en Avril à la Diette de Spire. On donna dans la suite la même qualification aux *Reformés*, mais abusivement, comme par erreur le peuple de Paris appelle *Huguenot* tout ce qui n'est pas *Romain*. On ne les confond point en *Allemagne*, où les *Reformés* ne desirent pas, qu'on les designe sous un autre titre.

Militaire, qui feroit conferé à des Guerriers que leur bravoure affocie au Corps
de la Nation *Françoife:* les Idées du Maréchal de Bell'isle furent agréables au
Roi, & l'établiffement fuivit de près la
propofition.   On fait que cette marque
diftinctive eft une Croix d'or, où l'on
voit d'un côté *l'Epée en Pal*, avec ces
mots *Pro Virtute bellicâ*, & fur le revers
une Couronne de Laurier, au bas de laquelle on lit: Ludovicus XV. *Inftituit.*
1759.

Le premier Août le Maréchal de *Contades*, ayant été battu par le Prince *Ferdinand* près de *Minden*, & contraint de
fe retirer fans relâche jufqu'à *Klein-Lin-
nen*, le Maréchal de Bell'isle fenfible à
cet échec, ne voulut cependant point
donner à Mr. de *Contades* le défagrément
de le rappeller, & peut-être s'il faut dire tout, il crut fe faire un merite de juftifier fon ouvrage; mais comme l'affaire de *Minden* avoit alterée la confiance
du Soldat, il fut queftion de le rétablir,
& le Maréchal de Bell'ifle engagea le
Comte d'*Eftrées* fon Collégue & fon Ami,
à prendre ce foin. Le Maréchal d'*Eftrées*
n'ambitionnant point la gloire de commander, & ne voulant être que citoien,

R

par

partit pour veiller à la conservation des débris de l'Armée *Françoise* ; arrivé au quartier Général de Mr. de *Contades*, dont il étoit l'Ancien de plusieurs années, il refusa non-seulement d'user de cette prérogative, mais lorsqu'on venoit lui demander quelques ordres, il répondoit avec la modestie digne d'un héros : *addressez-vous à M. le Maréchal de* Contades, *je ne suis ici que son Aide de Camp.* En effet il refusa toujours constamment de donner *l'ordre*, & de faire aucune fonction qui sentît la supériorité, quoique celui-ci l'en priât.

L'arrivée du Maréchal d'*Estrées* fut le *net plus ultra* des *Hanovriens*. Ses sages dispositions arrêtérent leur marche rapide, & le Duc de *Broglio*, devenu Maréchal, sçut retablir entièrement la confiance des Troupes, d'abord qu'il eut pris le Commandement en Chef, que Mr. de *Contades lui céda.* Je n'entre point ici dans les détails de la Guerre présente, parce qu'on les trouve dans des Mémoires que chacun a ou peut avoir (*) je me contenterai de dire, que M. de

Con-

(*) Voyez les *Memoires historiques, politiques & militaires de la Guerre présente.*

Contades, qui n'avoit pas fait les difpofitions qui pouvoient affurer fa Rétraite, avoit trop expofé Mr. de Briffac, qui
fut battu à *Gofeld*; d'ailleurs n'ayant pas
donné les ordres convenables pour fauver les équipages qu'il auroit été pru-
dent d'envoyer fur les derrières, il perdit les fiens avec toutes les Lettres que
le Maréchal de Bell'ifle lui avoit écrites
depuis qu'il étoit à la tête de l'Armée
du Roi, & qui étoient malheureufement
dans fes Porte - feüilles. Le foin le plus
empreffé du Prince *Ferdinand*, fut de les
lire, & comme il y remarqua plufieurs
traits capables de fufciter des Ennemis
au Maréchal de Bell'ifle, & d'aliéner
les Alliés de la *France*, il envoya ces Por-
te-feuilles à la Cour de *Londres*, qui
ufa du Droit de la Guerre en faifant imprimer toutes ces *Lettres*, dont
les Editions furent bientôt multipliées.

Le Maréchal qui penfoit affez en philofophe fur tous les Evénemens qui lui
étoient perfonels, ne fut fenfible à la publication de fes Lettres, que parcequ'il
jugea que la manière dont il s'étoit expliqué dans la plûpart d'entre elles, pour-

R 2

roit

roit nuire à la Cause commune, que son projet n'avoit pas été de compromettre: ainsi il ne craignit que pour les suites qui pouvoient en résulter, rélativement à l'Armée; mais il fut insensible à ce que l'on diroit contre lui.

Voici en gros les traits dont on murmura: *le Ministère Palatin* que le Maréchal de Bell'isle accusoit de pancher pour le Parti contraire, fut très irrité qu'on lui prêtat des sentimens opposés à ceux de son Maître; le Comte de *Bergeick* Commandant à Dusseldorff, se plaignit de ce que le Maréchal doutoit de son merite; mais comme celui-ci a été compris depuis dans une promotion de Lieutenans Généraux, tout a été oublié. *La Regence de Cologne* vit avec peine qu'on vouloit, après l'observation des formalités réquises, la contraindre à donner son Artillerie pour sa propre deffense; & cette conduite, quelque juste qu'elle soit, ne lui parut pas telle, & lui fit réfuser à plusieurs réprises toutes les choses qu'on lui demanda ensuite pour le bien du Service; *les Généraux François* furent fort fâchés d'y entendre la Cour de *Cologne* dire, *qu'ils faisoient boi-*

re un coup à leurs *espions & qu'ils ne les payoient point*, tandis que cette partie des dépenses secrettes forme un objet de calcul très considerable; *le Général Palatin d'Isselbach* s'y vit soupçonné avec douleur, d'être du Parti dans lequel le Maréchal de Bell'isle envelopoit la Régence de *Manheim*; *les Peuples de la West-phalie* qui n'entendent point le sens litteral des expressions militaires, crierent au feu, quand ils lurent qu'il falloit faire *un desert* de leur païs; M. *de la Mor-lière* fut peu satisfait de la façon ambiguë dont on s'expliquoit sur son compte *lettre huitième*, & des choses plus positives & moins obligeantes dans *la onzième*. Le *Prince de Waldeck* lût avec regret qu'on annonçât, que pour ôter des secours à l'Ennemi, & en procurer d'autant plus aux *François*, il étoit essentiel de dévaster ses Etats; *les Régimens de Royal-Lorraine & de Royal-Barrois* se plaignirent tout haut, du peu de justice qu'on rendoit à leur bravoure; *toute la Nation Allemande* trouva mauvais qu'on prétendit qu'il falloit prendre le ton dur avec elle; & *les Amis de Mr. le Comte de Conbenzl* desaprouvèrent hautement

R 3

les

les qualifications qu'on donnoit à ce Miniſtre, traité fort mal-à-propos *d'Homme heriſſé de difficultés & de vanité.* Telles ſont en total les Perſonnes & les Etats que les *Lettres du Maréchal de Bell'iſle* ont pû indiſpoſer ; comme elles ont été réimprimées au - moins trente fois, nous avons crû avoir le droit de les dépouïller, moins pour juſtifier le Maréchal dans cette occaſion, que pour ne pas omettre une circonſtance de ſa Vie, qui a fait tant de bruit.

Le dernier malheur qui termina les diſgraces de cette année, fut l'Affaire funeſte du Maréchal de *Conflans*, qui étant ſorti le 14 Novembre du Port de *Breſt*, fut attaqué le 21 par la Flotte *Britannique* aux ordres de l'Admiral *Hawke*, & battuë, par ce (comme le Chef d'Eſcadre *François* l'a prétendu) que, par la mauvaiſe manœuvre de dix Capitaines, dix Vaiſſeaux l'avoient abandonné pour ſe rétirer dans la *Vilaine* au moment où l'Action étoit le plus vivement engagée.

Cet Echec fit perdre l'eſpoir de la Deſcente que le Duc *d'Aiguillon*, déja
ré-

rédoutable aux *Anglois* à *St. Caſt*, pro-
jettoit de faire dans la *Grande - Bretagne*
même.

On ne vaincra jamais les *Romains* que
dans *Rome*, diſoit un habile Homme;
c'eſt à *Londres* où les Ennemis réunis de
l'*Angleterre* doivent attaquer cette Puiſſance formidable.

Je ne citerai point pour appuïer cette propoſition, l'exemple de ce fameux
Prince d'*Orange*, connu ſous le Nom de
Guillaume III, *Roi d'Angleterre*, *& Stadhouder de Hollande*, dont une deſcente
heureuſe couronna la Politique & non
pas la Reconnoiſſance : la Grande-Bretagne étoit fatiguée de la domination des
Stuard dans la perſonne de *Jacques II*,
qui voulut indiſcrétement toucher à des
choſes que la Politique & la Sageſſe
vouloient qu'il reſpectât ; les *Anglois*
promts à ſecouër le joug, appellerent
le Prince d'*Orange*. Mais autant qu'ils
lui rendirent ſon Entrepriſe facile, autant ils s'oppoſeroient à celle que j'indi-
que ; Réflection que je fais pour montrer que je ne m'aveugle point ſur une
Expédition dont le ſuccés eſt difficile
ſans être impoſſible.

R 4.

Il

Il n'y a plus de Faction en *Angleter-*
re, l'efprit de Patriotifme y régle les
décifions de *Weftminfter*. Les *Anglois*
font courageux, & ils aiment leur Roi;
voila de grandes reffources pour des
peuples qu'on attaque dans leurs foiers:
mais la victoire peut changer, l'épuife-
ment fuivre, & operer le découragement; circonftances qui pourroient faciliter un fuccés, fi on les mettoit à
profit dans un tems opportun. Tel étoit,
le fentiment du Maréchal de Bell'ifle,
lorfque l'Echec de Mr. de *Conflans* dé-
rangea les vaftes projets des Miniftres
de la Guerre & de la Marine, dont les
lumières réunies pour le bien de l'Etat,
avoient formé de beaux plans, qui n'a-
boutirent qu'à redoubler les calamités
publiques par les mauvaifes manœuvres
de ceux qui devoient Cooperer au fuccés de l'Entreprife.

l'Année 1760. n'offrit pas de grands
Evénemens dans le Militaire ni dans la
Politique. Le Maréchal de *Broglio* qui
comme je l'ai déja dit, vint remplacer
Mr. de *Contades*, fçut il eft vrai, fe
faire refpecter par les Ennemis, & l'affaire de *Corbach* avoit promis quelques

fuc-

fuccés, mais il y eut encore ce que l'on s'eſt accoutumé à voir depuis l'ouverture de cette Guerre, de *la fatalité*; quoiqu'il en ſoit, les ſuittes de cette Journée engagerent le Comte de *St. Germain* à quitter le ſervice de France & à paſſer en Dannemarck, où il commande en Chef les Troupes de Sa Majeſté Danoiſe. Le Prince Ferdinand ſe vangea de l'échec de Corbach à *Warbourg*, & à *Marbourg*: près de ſix Bataillons françois furent faits priſonniers à cette dernière affaire; mais le Prince ſon neveû échoua ſur le *Bas-Rhin*, & le combat de *Cloſter-Camp* fut funeſte aux *Hanovriens*.

Le Maréchal de Bell'iſle ſollicité par les habitans de la Ville de *Metz*, d'ériger une Académie dans la Capitale de ſon Gouvernement, repugnoit beaucoup à cette demande, parcequ'il ſavoit que l'eſprit de ces Meſſeins étoit naturellement éloigné du goût des Lettres & de la culture des Arts; mais les inſtances du Père de *St· Ignon*, Superieur du Collège de *St. Louïs*, érigé dans *la Ville-Neuve* (que le Marèchal a batie), & les Sollicitations du Duc de Nivernois qui aime les Lettres & qui les cultive avec succès, determinèrent le Maréchal de Bell'isle à fonder, sur la fin de cette année, une *Académie des Sciences & des Beaux-Arts*, à laquelle il assigna une rente annuelle de mille écûs.

Cette Societé qui jusqu'ici a la modestie de ne point faire parler d'elle, ouvrit ses Séances au mois de Novembre par un grand Répas, dans lequel tous les Academiciens païerent de leur personne, & justifièrent par-là les idées que le Public avoit de leurs talens. Le Maréchal de *Bell'isle* usé par l'âge & par des travaux continuels, se trouva très-incommodé, & hors d'état de travailler avec le Roi, dans les premiers jours du mois de Janvier 1761.

Sa Philosophie ne fut point ébranlée à l'aspect du dernier moment, & il mourut le 26, à onze heures du soir, en Chrétien & en Sage.

Ainsi finit ce Grand-Homme, Fondateur d'une Maison nouvelle, qui tomba avec lui. Parvenu au comble de tous les Titres & de toutes les Dignités, qu'un *François* puisse obtenir depuis que le Cardinal de *Richelieu* rompit l'épée

de

de *Connétable*, le Maréchal de Bell'isle qui avoit eû de l'ambition dans un âge où l'ame ardente desire de joüir, vit tomber tous ses Honneurs avec un flègme qui étonnoit tous ceux qui l'environnèrent.

Quelques mois avant sa mort il avoit cedé au Roi ses Biens de Normandie, à condition que Sa Majesté païeroit ses Dettes, qui étoient considérables, parceque l'Ambassade de *Francfort* l'avoit extrèmement oberé; d'ailleurs les Embellissemens dont il avoit décoré les Chateaux de *Gisors* & de *Bissi*, avoient augmenté la masse de ses Dettes. Le Marquis *de Castries*, Lieutenant-Général des Armées du Roi & Chevalier de ses Ordres depuis le deux Fevrier de cette Année 1762, fut nommé par le Maréchal *Legataire Universel*, à charge de remplir quelques Legs particuliers dont il l'a chargé. Toutes les autres dispositions dont les papiers publics lui ont fait honneur, sont des Nouvelles du Palais Roial, c'est-à-dire des Contes apocriphes.

On a reproché au Maréchal de Belleisle de s'attacher trop aux petits détails,

&

& d'entrer dans tous les projets ; à l'égard des détails, j'ai déjà tâché de le juftifier fur cela, en difant qu'il n'y a point de petits détails pour un Général ou pour un Miniftre qui veut être citoien. Il eft vrai que fon efprit fiftématique l'engagea à recevoir tous les Plans qu'on lui préfentoit, & à proteger beaucoup d'Avanturiers ; mais on ne lui réprochera point d'avoir accablé le Merite & perfécuté le Talent.

Facile à fe laiffer prévenir, il écrivoit aifément pour ceux dont les Projets ou les difcours l'avoient féduit ; mais il leur retiroit fes bontés, dès qu'il s'appercevoit qu'on l'avoit furpris. Quelqu'un lui difoit à *Metz* dans le dernier voiage qu'il y fit, qu'il protegeoit un fripon ; *qu'on me le prouve*, répondit le Maréchal, *je l'abandonne fur le champ.*

Il n'étoit point de ces Protecteurs opiniâtres & préfomptueux, qui ne voulant point avouër qu'ils font capables de fe tromper, perfiftent dans leur choix par amour propre ; *j'ai fait des fautes*, difoit-il quelques fois, *mais je n'ai jamais eû l'orguëil ridicule de ne pas en convenir.* Haut avec les Grands, il portoit

dans

dans les Cours étrangères toute la Dignité qu'exigeoit la grandeur du Maître qu'il repréſentoit; mais affable & prévenant avec ceux qui étoient audeſſous de lui, il ne leur faiſoit point ſentir cette autorité froide & dédaigneuſe qu'il n'eſt pas d'une belle ame d'appéſantir. Il aima les Talens en homme éclairé, mais non pas en Miniſtre qui ne protége les Arts, que par air & pour avoir la réputation de les connoître. Il n'eut jamais, non plus l'oſtentation de ſe renfermer pour ne rien faire, & dans la ſeule vuë d'obtenir dans le ſein de l'oiſiveté la réputation d'un homme laborieux; Charlatanerie qu'on employe dans plus d'un Etat: Lorſqu'on ne pouvoit avoir Audience du Maréchal de Belleiſle, c'eſt qu'il étoit réellement occupé; encore arrivoit-il ſouvent, que quand on lui annonçoit des perſonnes dont le Nom, le Merite ou les Talens lui étoient connûs, il diſoit à un de ſes gens, *demandez à ce Monſieur, s'il a des choſes eſſentielles à me dire;* & d'après la réponſe affirmative on étoit introduit.

Le Maréchal de *Bell'iſle* étoit naturelle-

lement froid ; ſes converſations n'é-
toient pas gayes, mais elles étoient in-
ſtructives, & il ſavoit parler avec net-
teté, & bien raconter un Fait. Né ſo-
bre, il n'aima ni le Jeû ni la Table ;
mais on ne peut diſſimuler qu'il eut beaucoup de penchant pour le Beau-Sexe,
cette précieuſe moitié de l'univers : on
aſſure qu'il eut même en 1755 un enfant naturel d'une Jeune perſonne de
18 ans ; mais le Maréchal qui auroit
peut-être voulu combattre une paſſion
à laquelle la Nature humaine ſemble
prendre plaiſir à ſoumettre tous les
Grands-hommes, ſavoit ſe réſpecter
dans ſes choix, & le Miſtère le plus
profond cacha toujours ſes goûts.

Le Roi honora de ſes régrets la perte de ce Miniſtre : il s'étoit rendu digne
de cette attention flateuſe, car depuis
l'Avénement de Sa Majeſté au Trône
qu'elle occupe ſi glorieuſement, le Maréchal de Bell'iſle n'avoit point diſconti-
nué de travailler pour le ſervice de ce
Monarque. Il a voulu qu'on lui élevât
un ſuperbe Catafalque dans l'Egliſe de
l'*Hôtel Roial des Invalides*, & trois Eloges funébres ont été les derniers hom-

ma-

EX UTRAQUE SALUS.
M.DCC.XLVII.
DEO AUSPICE,
RESPUBLICA GENUENSIS
INDECORÆ SERVITUTIS IMPATIENS,
EXCUSSO HOSTIUM, IMÒ PRÆDONUM IUGO,
ABIIS, QUOS SPOLIORUM SPES ET CUPIDITAS
IN CIVITATEM IMMERITAM ARMAVERAT,
TERRÂ MARIQUE, VII DENUÒ MENSIBUS,
OBSESSA AC PENÈ OPPRESSA,
QUOTIDIANIS PRÆLIIS,
VIRTUTE ET CONSTANTIÂ,
HUMANITATIS ET TEMPLORUM VIOLATORES
SUIS ET SOCIORUM ARMIS
REPRESSIT, DEBILITAVIT,
EXPULIT.

mages qu'on a païés à la Mémoire de
ce Miniſtre ; le premier a été prononcé aux Invalides par le Père *Neuville*,
Jeſuite, le même qui fit autrefois celui
du Cardinal de *Fleuri* ; le ſecond par
l'Abbé *Trublet*, à qui vingt années d'importunités & de ſollicitations ont mérité le Titre d'*Academicien François* ; & le
dernier enfin, eſt l'ouvrage du Duc de
Nivernois, Orateur éloquent & nerveux:
le Diſcours de ce Seigneur eſt un Chef-
d'œuvre, qui doit ſervir tout-à-la fois
de leçon aux Généraux, aux Miniſtres
& aux Pères de famille ; qualités que
le Maréchal de Bell'iſle a remplies toutes avec une diſtinction marquée.

F I N.

A V I S.

Chez le même Libraire ſe trouve,

1 l' **A**CADEMIE DE L'HOMME D'EPÉE, ou, la
Science parfaite des Exercices Offenſifs & Défenſifs : Ouvrage qui contient le
Traité complet du Manuel des Armes, par
Mr. *Girard* : Nouv. Ed. gr. 4 avec 116. belles
Eſtampes ou Pl. en taille douce, Haye 1755.
2 Clerc

A V I S.

2 Clerc (Mr. J. L.) le *Spectacle de la Vie humaine*, ou Leçons de Sageſſe, exprimées avec Art en 103 *Tableaux en taille douce*, dont les Sujets ſont tirés d'Horace, par l'ingénieux Othon *Vænius*; accompagnés non ſeulement des principales Maximes de la Morale, en Vers *François, Hollandois, Latins, & Allemands*, mais encore par des Explications très-Belles ſur chaque Tableau. Publié par P. I. H.; très proprement imprimé, avec des Quadres à chaque page. Haye 1755. in 4.

3 Etat préſent des Provinces Unies, par Mr. Janiçon, IVme Edition, corrigée & augmenté par une Suite du Chapitre X. par rapport au Stadhouderat; par P. I. H. 1755. 2 Vol. 12.

4 Hiſtoire (l') des Revolutions d'Eſpagne, par le P. d'Orleans; quatre Voll. Octavo, renfermants tout l'Ouvrage complet.

5 Memoires de Mr. de la Torre, contenant l'Hiſtoire des Négociations ſecretes des Cours de l'Europe pour le Partage des Royaumes de l'*Eſpagne*, juſqu'à la priſe de Poſſeſſion des *Pays - bas* par les Troupes françoiſes. Comprenant auſſi l'Hiſtoire de la Barriere des *Provinces Unies*, par Mr. *du Mont.* Londr. 1749. 2 Vol. 8.

6 Les Solitaires en Belle Humeur, ou, Entretiens pleins d'eſprit & d'agrement ſur toutes ſortes de Matières : par Mr. le Marquis D.*** 3 vol. 12. avec des fig. en taille douce.

7 *Eſſai ſur les* Qualités & les Connoiſſances d'un Général d'Armée, 4. *Milan* 1758.

8 La Manière de réparer les Places de Guerre & de les mieux défendre, *par M. D. B.,* 4. fig. *Metz* 1758.

www.ingramcontent.com/pod-product-compliance
Ingram Content Group UK Ltd.
Pitfield, Milton Keynes, MK11 3LW, UK
UKHW010911160726
13695UKWH00007B/278